心一堂術數古籍珍本叢刊

書名：人的運氣
系列：心一堂術數古籍珍本叢刊　星命類　第二輯　123
作者：汪季高（雙桐館主）
主編、責任編輯：陳劍聰
心一堂術數古籍珍本叢刊編校小組：陳劍聰　素聞　鄒偉才　虛白盧主

出版：心一堂有限公司
通訊地址：香港九龍旺角彌敦道六一〇號荷李活商業中心十八樓〇五—〇六室
深港讀者服務中心·中國深圳市羅湖區立新路六號羅湖商業大廈負一層〇〇八室
電話號碼：(852)67150840
網址：publish.sunyata.cc
電郵：sunyatabook@gmail.com
網店：http://book.sunyata.cc
淘寶店地址：https://shop210782774.taobao.com
微店地址：https://weidian.com/s/1212826297
臉書：https://www.facebook.com/sunyatabook
讀者論壇：http://bbs.sunyata.cc/

版次：二零一九年三月初版
平裝

定價：港幣　一百一十八元正
　　　新台幣　四百八十元正

國際書號：ISBN 978-988-8582-53-2

香港發行：香港聯合書刊物流有限公司
地址：香港新界大埔汀麗路36號中華商務印刷大廈3樓
電話號碼：(852)2150-2100
傳真號碼：(852)2407-3062
電郵：info@suplogistics.com.hk

台灣發行：秀威資訊科技股份有限公司
地址：台灣台北市內湖區瑞光路七十六巷六十五號一樓
電話號碼：+886-2-2796-3638
傳真號碼：+886-2-2796-1377
網絡書店：www.bodbooks.com.tw
台灣秀威書店讀者服務中心：
地址：台灣台北市中山區松江路二〇九號一樓
電話號碼：+886-2-2518-0207
傳真號碼：+886-2-2518-0778
網絡書店：http://www.govbooks.com.tw

中國大陸發行　零售：深圳心一堂文化傳播有限公司
深圳地址：深圳市羅湖區立新路六號羅湖商業大廈負一層〇〇八室
電話號碼：(86)0755-82224934

心一堂微店二維碼

心一堂淘寶店二維碼

心一堂術數古籍 珍本 整理 叢刊 總序

術數定義

術數，大概可謂以「推算（推演）、預測人（個人、群體、國家等）、事、物、自然現象、時間、空間方位等規律及氣數，並或通過種種『方術』，從而達致趨吉避凶或某種特定目的」之知識體系和方法。

術數類別

我國術數的內容類別，歷代不盡相同，例如《漢書・藝文志》中載，漢代術數有六類：天文、曆譜、五行、蓍龜、雜占、形法。至清代《四庫全書》，術數類則有：數學、占候、相宅相墓、占卜、命書、相書、陰陽五行、雜技術等，其他如《後漢書・方術部》、《藝文類聚・方術部》、《太平御覽・方術部》等，對於術數的分類，皆有差異。古代多把天文、曆譜、及部分數學均歸入術數類，而民間流行亦視傳統醫學作為術數的一環；此外，有些術數與宗教中的方術亦往往難以分開。現代民間則常將各種術數歸納為五大類別：命、卜、相、醫、山，通稱「五術」。

本叢刊在《四庫全書》的分類基礎上，將術數分為九大類別：占筮、星命、相術、堪輿、選擇、三式、讖諱、理數（陰陽五行）、雜術（其他）。而未收天文、曆譜、算術、宗教方術、醫學。

術數思想與發展——從術到學，乃至合道

我國術數是由上古的占星、卜筮、形法等術發展下來的。其中卜筮之術，是歷經夏商周三代而通過「龜卜、蓍筮」得出卜（筮）辭的一種預測（吉凶成敗）術，之後歸納並結集成書，此即現傳之《易

經》。經過春秋戰國至秦漢之際，受到當時諸子百家的影響、儒家的推崇，遂有《易傳》等的出現，原本是卜筮術書的《易經》，被提升及解讀成有包涵「天地之道（理）」之學。因此，《易・繫辭傳》曰：「易與天地準，故能彌綸天地之道。」

漢代以後，易學中的陰陽學說，與五行、九宮、干支、氣運、災變、律曆、卦氣、讖緯、天人感應說等相結合，形成易學中象數系統。而其他原與《易經》本來沒有關係的術數，如占星、形法、選擇，亦漸漸以易理（象數學說）為依歸。《四庫全書・易類小序》云：「術數之興，多在秦漢以後。要其旨，不出乎陰陽五行，生尅制化。實皆《易》之支派，傅以雜說耳。」至此，術數可謂已由「術」發展成「學」。

及至宋代，術數理論與理學中的河圖洛書、太極圖、邵雍先天之學及皇極經世等學說給合，通過術數以演繹理學中「天地中有一太極，萬物中各有一太極」（《朱子語類》）的思想。術數理論不單已發展至十分成熟，而且也從其學理中衍生一些新的方法或理論，如《梅花易數》、《河洛理數》等。

在傳統上，術數功能往往不止於僅僅作為趨吉避凶的方術，及「能彌綸天地之道」的學問，亦有其「修心養性」的功能，「與道合一」（修道）的內涵。《素問・上古天真論》：「上古之人，其知道者，法於陰陽，和於術數。」數之意義，不單是外在的算數、歷數、氣數，而是與理學中同等的「道」、「理」--心性的功能，北宋理氣家邵雍對此多有發揮：「聖人之心，是亦數也」、「萬化萬事生乎心」、「心為太極」。《觀物外篇》：「先天之學，心法也。……蓋天地萬物之理，盡在其中矣，心一而不分，則能應萬物。」反過來說，宋代的術數理論，受到當時理學、佛道及宋易影響，認為心性本質上是等同天地之太極。天地萬物氣數規律，能通過內觀自心而有所感知，即是內心也已具備有術數的推演及預測、感知能力；相傳是邵雍所創之《梅花易數》，便是在這樣的背景下誕生。

《易・文言傳》已有「積善之家，必有餘慶；積不善之家，必有餘殃」之說，至漢代流行的災變說及讖緯說，我國數千年來都認為天災，異常天象（自然現象），皆與一國或一地的施政者失德有關；下至家族、個人之盛衰，也都與一族一人之德行修養有關。因此，我國術數中除了吉凶盛衰理數之外，人心的德行修養，也是趨吉避凶的一個關鍵因素。

術數與宗教、修道

在這種思想之下，我國術數不單只是附屬於巫術或宗教行為的方術，又往往是一種宗教的修煉手段——通過術數，以知陰陽，乃至合陰陽（道）。「其知道者，法於陰陽，和於術數。」例如，「奇門遁甲」術中，即分為「術奇門」與「法奇門」兩大類。「法奇門」中有大量道教中符籙、手印、存想、內煉的內容，是道教內丹外法的一種重要外法修煉體系。甚至在雷法一系的修煉上，亦大量應用了術數內容。此外，相術、堪輿術中也有修煉望氣（氣的形狀、顏色）的方法；堪輿家除了選擇陰陽宅之吉凶外，也有道教中選擇適合修道環境（法、財、侶、地中的地）的方法，以至通過堪輿術觀察天地山川陰陽之氣，亦成為領悟陰陽金丹大道的一途。

易學體系以外的術數與的少數民族的術數

我國術數中，也有不用或不全用易理作為其理論依據的，如揚雄的《太玄》、司馬光的《潛虛》。也有一些占卜法、雜術不屬於《易經》系統，不過對後世影響較少而已。

外來宗教及少數民族中也有不少雖受漢文化影響（如陰陽、五行、二十八宿等學說。）但仍自成系統的術數，如古代的西夏、突厥、吐魯番等占卜及星占術，藏族中有多種藏傳佛教占卜術、苯教占卜術、擇吉術、推命術、相術等；北方少數民族有薩滿教占卜術；不少少數民族如水族、白族、布朗族、佤族、彝族、苗族等，皆有占雞（卦）草卜、雞蛋卜等術，納西族的占星術、占卜術，彝族畢摩的推命術、占卜術……等等，都是屬於《易經》體系以外的術數。相對上，外國傳入的術數以及其理論，對我國術數影響更大。

曆法、推步術與外來術數的影響

我國的術數與曆法的關係非常緊密。早期的術數中，很多是利用星宿或星宿組合的位置（如某星在某州或某宮某度）付予某種吉凶意義，并據之以推演，例如歲星（木星）、月將（某月太陽所躔之宮次）等。不過，由於不同的古代曆法推步的誤差及歲差的問題，若干年後，其術數所用之星辰的位置，已與真實星辰的位置不一樣了；此如歲星（木星），早期的曆法及術數以十二年為一周期（以應地支），與木星真實周期十一點八六年，每幾十年便錯一宮。後來術家又設一「太歲」的假想星體來解決，是歲星運行的相反，週期亦剛好是十二年。而術數中的神煞，很多即是根據太歲的位置而定。又如六壬術中的「月將」，原是立春節氣後太陽躔娵訾之次而稱作「登明亥將」，至宋代，因歲差的關係，要到雨水節氣後太陽才躔娵訾之次，當時沈括提出了修正，但明清時六壬術中「月將」仍然沿用宋代沈括修正的起法沒有再修正。

由於以真實星象周期的推步術是非常繁複，而且古代星象推步術本身亦有不少誤差，大多數術數除依曆書保留了太陽（節氣）、太陰（月相）的簡單宮次計算外，漸漸形成根據干支、日月等的各自起例，以起出其他具有不同含義的眾多假想星象及神煞系統。唐宋以後，我國絕大部分術數都主要沿用這一系統，也出現了不少完全脫離真實星象的術數，如《子平術》、《紫微斗數》、《鐵版神數》等。後來就連一些利用真實星辰位置的術數，如《七政四餘術》及選擇法中的《天星選擇》，也已與假想星象及神煞混合而使用了。

隨着古代外國曆（推步）、術數的傳入，如唐代傳入的印度曆法及術數，元代傳入的回回曆等，其中我國占星術便吸收了印度占星術中羅睺星、計都星等而形成四餘星，又通過阿拉伯占星術而吸收了其中來自希臘、巴比倫占星術的黃道十二宮、四大（四元素）學說（地、水、火、風），並與我國傳統的二十八宿、五行說、神煞系統並存而形成《七政四餘術》。此外，一些術數中的北斗星名，不用我國傳統的星名：天樞、天璇、天璣、天權、玉衡、開陽、搖光，而是使用來自印度梵文所譯的：貪狼、巨門、祿存、文曲，廉貞、武曲、破軍等，此明顯是受到唐代從印度傳入的曆法及占星術所影響。如星命術中的《紫微斗數》及堪輿術中的《撼龍經》等文獻中，其星皆用印度譯名。及至清初《時憲曆》，置閏之法則改用西法「定氣」。清代以後的術數，又作過不少的調整。

此外，我國相術中的面相術、手相術，唐宋之際受印度相術影響頗大，至民國初年，又通過翻譯歐西、日本的相術書籍而大量吸收歐西相術的內容，形成了現代我國坊間流行的新式相術。

陰陽學——術數在古代、官方管理及外國的影響

術數在古代社會中一直扮演着一個非常重要的角色，影響層面不單只是某一階層、某一職業、某一年齡的人，而是上自帝王，下至普通百姓，從出生到死亡，不論是生活上的小事如洗髮、出行等，大事如建房、入伙、出兵等，從個人、家族以至國家，從天文、氣象、地理到人事、軍事，從民俗、學術到宗教，都離不開術數的應用。我國最晚在唐代開始，已把以上術數之學，稱作陰陽（學），行術數者稱陰陽人。（敦煌文書、斯四三二七唐《師師漫語話》：「以下說陰陽人謾語話」，此說法後來傳入日本，今日本人稱行術數者為「陰陽師」）。一直到了清末，欽天監中負責陰陽術數的官員中，以及民間術數之士，仍名陰陽生。

古代政府的中欽天監（司天監），除了負責天文、曆法、輿地之外，亦精通其他如星占、選擇、堪輿等術數，除在皇室人員及朝庭中應用外，也定期頒行日書、修定術數，使民間對於天文、日曆用事吉凶及使用其他術數時，有所依從。

我國古代政府對官方及民間陰陽學及陰陽官員，從其內容、人員的選拔、培訓、認證、考核、律法監管等，都有制度。至明清兩代，其制度更為完善、嚴格。

宋代官學之中，課程中已有陰陽學及其考試的內容。（宋徽宗崇寧三年〔一一零四年〕崇寧算學令：「諸學生習……並曆算、三式、天文書。」「諸試……三式即射覆及預占三日陰陽風雨。天文即預

定一月或一季分野災祥，並以依經備草合問為通。」

金代司天臺，從民間「草澤人」（即民間習術數人士）考試選拔：「其試之制，以《宣明曆》試推步，及《婚書》、《地理新書》試合婚、安葬，並《易》筮法，六壬課、三命、五星之術。」（《金史》卷五十一・志第三十二・選舉一）

元代為進一步加強官方陰陽學對民間的影響、管理、控制及培育，除沿襲宋代、金代在司天監掌管陰陽學及中央的官學陰陽學課程之外，更在地方上增設陰陽學課程（《元史・選舉志一》：「世祖至元二十八年夏六月始置諸路陰陽學。」）地方上也設陰陽學教授員，培育及管轄地方陰陽人。（《元史・選舉志一》：「（元仁宗）延祐初，令陰陽人依儒醫例，於路、府、州設教授員，凡陰陽人皆管轄之，而上屬於太史焉。」）自此，民間的陰陽術士（陰陽人），被納入官方的管轄之下。

至明清兩代，陰陽學制度更為完善。中央欽天監掌管陰陽學，明代地方縣設陰陽學正術，各州設陰陽學典術，各縣設陰陽學訓術。陰陽人從地方陰陽學肄業或被選拔出來後，再送到欽天監考試。（《大明會典》卷二二三：「凡天下府州縣舉到陰陽人堪任正術等官者，俱從吏部送（欽天監），考中，送回選用；不中者發回原籍為民，原保官吏治罪。」）清代大致沿用明制，凡陰陽術數之流，悉歸中央欽天監及地方陰陽官員管理、培訓、認證。至今尚有「紹興府陰陽印」、「東光縣陰陽學記」等明代銅印，及某某縣某某之清代陰陽執照等傳世。

清代欽天監漏刻科對官員要求甚為嚴格。《大清會典》「國子監」規定：「凡算學之教，設肄業生。滿洲十有二人，蒙古、漢軍各六人，於各旗官學內考取。漢十有二人，於舉人、貢監生童內考取。附學生二十四人，由欽天監選送。教以天文演算法諸書，五年學業有成，舉人引見以欽天監博士用，貢監生童以天文生補用。」學生在官學肄業、貢監生肄業或考得舉人後，經過了五年對天文、算法、陰陽學的學習，其中精通陰陽術數者，會送往漏刻科。而在欽天監供職的官員，《大清會典則例》「欽天監」規定：「本監官生三年考核一次，術業精通者，保題升用。不及者，停其升轉，再加學習。如能黽勉供職，即予開復。仍不及者，降職一等，再令學習三年，能習熟者，准予開復，仍不能者，黜退。」除定期考核以定其升用降職外，《大清律例》中對陰陽術士不準確的推斷（妄言禍福）是要治罪的。《大清律例·一七八·術七·妄言禍福》：「凡陰陽術士，不許於大小文武官員之家妄言禍福，違者杖一百。其依經推算星命卜課，不在禁限。」大小文武官員延請的陰陽術士，自然是以欽天監漏刻科官員或地方陰陽官員為主。

官方陰陽學制度也影響鄰國如朝鮮、日本、越南等地，一直到了民國時期，鄰國仍然沿用着我國的多種術數。而我國的漢族術數，在古代甚至影響遍及西夏、突厥、吐蕃、阿拉伯、印度、東南亞諸國。

術數研究

術數在我國古代社會雖然影響深遠，「是傳統中國理念中的一門科學，從傳統的陰陽、五行、九宮、八卦、河圖、洛書等觀念作大自然的研究。……傳統中國的天文學、數學、煉丹術等，要到上世紀中葉始受世界學者肯定。可是，術數還未受到應得的注意。術數在傳統中國科技史、思想史，文化史、社會史，甚至軍事史都有一定的影響。……更進一步了解術數，我們將更能了解中國歷史的全貌。」（何丙郁《術數、天文與醫學中國科技史的新視野》，香港城市大學中國文化中心。）

可是術數至今一直不受正統學界所重視，加上術家藏秘自珍，又揚言天機不可洩漏，「（術數）乃吾國科學與哲學融貫而成一種學說，數千年來傳衍嬗變，或隱或現，全賴一二有心人為之繼續維繫，賴以不絕，其中確有學術上研究之價值，非徒癡人說夢，荒誕不經之謂也。其所以至今不能在科學中成立一種地位者，實有數因。蓋古代士大夫階級目醫卜星相為九流之學，多恥道之；而發明諸大師又故為惝恍迷離之辭，以待後人探索；間有一二賢者有所發明，亦秘莫如深，既恐洩天地之秘，復恐譏為旁門左道，始終不肯公開研究，成立一有系統說明之書籍，貽之後世。故居今日而欲研究此種學術，實一極困難之事。」（民國徐樂吾《子平真詮評註》，方重審序）

現存的術數古籍，除極少數是唐、宋、元的版本外，絕大多數是明、清兩代的版本。其內容也主要是明、清兩代流行的術數，唐宋或以前的術數及其書籍，大部分均已失傳，只能從史料記載、出土文獻、敦煌遺書中稍窺一鱗半爪。

術數版本

坊間術數古籍版本，大多是晚清書坊之翻刻本及民國書賈之重排本，其中豕亥魚魯，或任意增刪，往往文意全非，以至不能卒讀。現今不論是術數愛好者，還是民俗、史學、社會、文化、版本等學術研究者，要想得一常見術數書籍的善本、原版，已經非常困難，更遑論如稿本、鈔本、孤本等珍稀版本。在文獻不足及缺乏善本的情況下，要想對術數的源流、理法、及其影響，作全面深入的研究，幾不可能。

有見及此，本叢刊編校小組經多年努力及多方協助，在海內外搜羅了二十世紀六十年代以前漢文為主的術數類善本、珍本、鈔本、孤本、稿本、批校本等數百種，精選出其中最佳版本，分別輯入兩個系列：

一、心一堂術數古籍珍本叢刊

二、心一堂術數古籍整理叢刊

前者以最新數碼（數位）技術清理、修復珍本原本的版面，更正明顯的錯訛，部分善本更以原色彩色精印，務求更勝原本。并以每百多種珍本、一百二十冊為一輯，分輯出版，以饗讀者。

後者延請、稿約有關專家、學者，以善本、珍本等作底本，參以其他版本，古籍進行審定、校勘、注釋，務求打造一最善版本，方便現代人閱讀、理解、研究等之用。

限於編校小組的水平，版本選擇及考證、文字修正、提要內容等方面，恐有疏漏及舛誤之處，懇請方家不吝指正。

心一堂術數古籍 珍本 整理 叢刊編校小組

二零零九年七月序

二零一四年九月第三次修訂

中國科學命理叢書之一

人的運氣

雙桐館主著述

中國科學命理叢書之一

人的運氣

雙桐館主著述

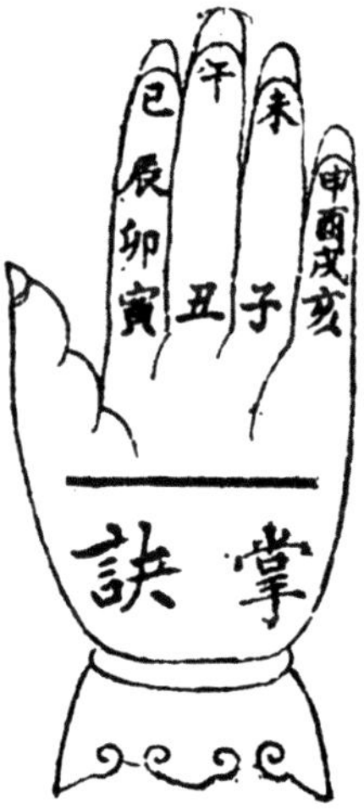

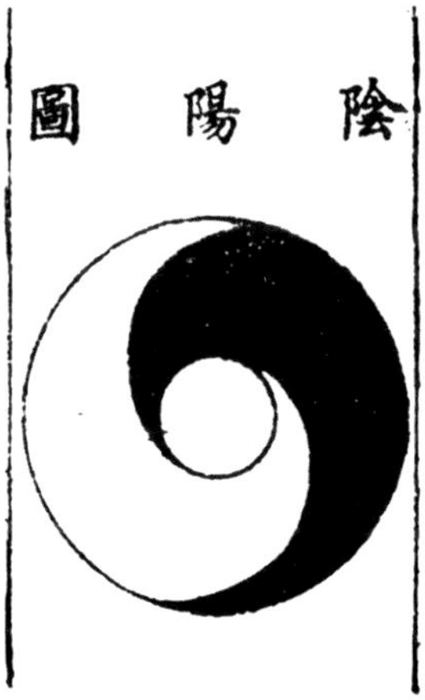

五行研究社出版

聖人孔夫子誕生二千五百十五年・歲次甲辰・季冬之吉著述
公元一九六五年三月初版

人的運氣（全壹冊）

定價港幣貳圓伍角

著述者：雙桐館主
出版者：五行研究社
香港・九龍・深水埗碼頭邊
北河街・十七號・二樓
發行者：上海印書館
香港德輔道中租庇利街
17至19號順聯大廈二樓
印刷者：大眾印刷公司
香港英皇道九四七號
電話：七〇〇一九四
七〇一九一八

（著者印信）

（中國科學命理叢書之一）

本書介紹

這本書，名叫「人的運氣」。

為何起名叫做「人的運氣」呢？

因為，這本書的內容，是根據中國五千年以前、甚至可以說：是溯源於三百二十七萬八千五百一十四年之前的「陰陽五行之學」——「天人合一」之學的理論基礎，而編寫出來的。「天人合一」之學，是專談「人的運氣」的。

這本書的內容，先從人類和萬物的生命來歷談起，再談到人類的命運是怎麼一回事。然後分析中國和西方命學基本不同之點：解釋「中醫」和「命學」對於人體診斷的相互關係；每年每月氣候影響人類和動植物生存發展的道理所在；西方醫學家應以如何方法來研究中國針灸技術；以及：美國為什麼要作為「地球的東方」、美國人的「命造」為什麼會影響全球……等等。

由於上述各項主要作品的理論和事實，是普遍地關連到每一個人類的命運問題，所以，書名就叫做「人的運氣」。總之，這本書是「醫學和命學相結合」的創造性作品。

中國科學命理專家雙桐舘主

公元一九六五年三月二十五日寫於香港・九龍・北河街・十七號・二樓

EINLEITUNG

Der Titel dieses Buches ist: "Das Schicksal der Menschen".

Warum heisst es "Das Schicksal der Menschen"? Folgendes ist der Grund:—

Als Grundlage hat der Inhalt dieses Buches die Lehre der fuenf positiven und negativen Grundelemente — der Einklang der Menschen mit dem Himmel —, die vor 5,000 Jahren, sogar bis auf 3,278,514 Jahren (nach der chinesischen Geschichte Schi Chi 史記) zurueckzufuehren ist.

Dieses Buch faengt mit dem Ursprung des Daseins der Menschheit und aller Lebewesen an. Es folgen dann:

Was ist eigentlich das Schicksal der Menschen;
Der grundsaetzliche Unterschied zwischen der chinesischen Wahrsagung und dem westlichen Horoskop;
Die gegenseitige Beziehung zwischen der chinesischen Heilkunde und der Wahrsagung bei der Diagnose des menschlichen Koerpers;
Wie das Wetter jedes Monats und jedes Jahres auf das Leben und die Entwicklung der Menschen und Lebewesen wirkt;
Wie die westlichen Mediziner die chinesische Akupunktur studieren sollen;
Weshalb wird die geographische Lage von U. S. A. als der Osten der Erde betrachtet;
Weshalb wird die ganze Welt von dem Schicksal der Amerikaner beeinflusst; usw.

Die obenangefuehrten Thesen und Tatsachen beruehren allgemein die Schicksalsfrage jedes Einzelnen. Infolgedessen traegt dieses Buch den Titel: "Das Schicksal der Menschen". Es ist auch eine neu erstellte Studie ueber die Vereinigung der Heilkunde mit der Lehre der Wahrsagung.

WANG Chih-Kao
Nom de Plume: Shuang Tung Kuan Chu
Spezialist in Wahrsagung
Adresse: 17, Pei Ho Street,
1st floor,
Kowloon, Hong Kong.

本書の紹介

本書は「人間の運勢」という標題です。

何故「人間の運勢」という書名にしたかと申しますと、本書の内容が、中国の五千年前より更に、さかのぼって、三百二十七万八千五百四十四年以前の「陰陽五行の學説」（即ち「天人合一」）の理論に基いて書き上げたもので、「天人合一」の學説は、中国の「人間の運勢」を解説する學問であるからです。

本書の内容は、人類と万物の生命の根源に始まり、次に、人類の運命の実態とは如何なるものかを説明し、ついで、中国と西洋との易學についての基本的な違い、「漢方医學」と「易學」における人体の診断との相互関係、四季の気候が人類と動植物の生存と発展とに与える影響の原因、西洋医學者はどのような方法で中国の針灸術を研究すればよいか、また、米国が、なぜアジアに存在し、米国人の運命が全世界に影響を及ぼしているのか等の問題について述べてあります。

右に述べた各項の理論と事実は全て個々の人間の運命に関する問題であるが故に、本書を「人間の運勢」とつけた次第です。

要するに、本書は「医學と易學との結合」の独創的な作品といえませう。

中国科學命理專門家
雙桐館主

公元一九六五年三月二十五日・香港九龍北河街十七號二樓にて

人的運氣

中國科學命理叢書之一

目錄

卷首語——寫在「人的運氣」之前

每當提到一個人的運氣問題，我就聯想到兩種經常聽見的議論。

一種議論說：「算命太不科學，命書是封建落伍的玩藝兒，應當統統燒掉」！

一種議論說：「只有聽天由命，運氣不好再肯幹也不行的，得過且過算了」。

這種「兩極相逢」的「矛盾論」，到底是那個對？我看：恐怕都不對！因爲，算命就是一種科學，既不應該輕率反對，也不應該盲目迷信。

猶憶兒時讀古人筆記，清代通儒紀曉嵐曾經有兩句名言：「人在二十歲以前而相信命運者，乃係庸人。人到四十歲以後仍不相信命運者，只是妄人」。由於手邊無原書，致難照抄原文，但記得紀氏又對上述兩句話做過解釋：「人在二十歲以前，血氣方剛，英年俊發，可以橫衝直撞，好在年紀青青，應當有一種朝氣，何必畏首畏尾，算什麼命？故可斷言，在二十歲以前而信命者，其人必爲庸碌苟安之輩。可是，人到四十歲之後，經過了將近二十年的奮鬥，體驗的結果，每每遇到有意栽花花不發，無心插柳柳成蔭的事兒。這類的事，有好多在常情道理上是講不通。除了宿命論之外，是無法解答這個謎。因此，人們過了四十之後，不由你不去相信『有命存焉』之說。如年逾四十，縱即屢逢拂逆之事，而仍然不肯信命者，其人必屬妄自尊大也」。

讀過紀曉嵐這段妙論之後，吾人究竟要以怎樣的態度去看待「命理之學」呢？我常常勸朋友說：「要相信命運，不要迷信命運」。這就是我的信念。

我曾作比喻說：「算命的意義，等於配一副眼鏡」。何以言之？因爲，天賦的「命造」好不好，猶如眼睛天生的好不好是一樣。「命造」不好的人，等於眼睛有了毛病；「算命」的功效，就等於替人「驗光配鏡」，使令眼睛的視力增加，視線糾正，這個意義就很大的。「相信命運」的人，如同戴了一副「配光眼鏡」，把前途看個清楚明白，知所趨避。這樣，一個人的成功機會便增加了。

西漢時代的「日者」司馬季主，（註）曾「捧腹大笑」教訓過批評他爲「何居之卑，何行之汚」的漢朝「中大夫」宋忠、和「博士」賈誼二人說：「且夫卜筮者，言：

忠臣以事其上；孝子以養其親；慈父以畜其子；此有德者也。而以義、置數十百錢。病者、或以愈；且死、或以生；患、或以免；事、或以成；嫁子、娶婦、或以養生；此之爲德、豈直數十百錢哉？此夫『老子』所謂：『上德、不德，是以有德』。卜筮者，利大、而謝少。卜者，導惑、教愚也！故君子、處卑隱以辟衆，自匿以辟倫；微見德順，以除羣害；以明天性。助上、養下，多其功利，不求尊譽。公之等喁喁者也！何知長者之道乎」？以上是史記日者列傳裏面的一小段。司馬遷並形容宋忠和賈誼被罵後的狼狽情形說：「宋忠、賈誼，忽而自失；芒乎、無色。悵然！噤、口不能言。於是：攝衣、而起；再拜、而辭。行，洋洋也。出市門、僅能自上車。伏軾、低頭、卒不能出氣。居三日」云云。我以爲，那些自命爲「不信邪」的人們，如果能夠稍微虛心一點，去讀一讀史記日者列傳，及孟軻列傳中、太史公所特別介紹的「談天騶衍」之學術爲「有牛鼎之意」；並將禮記熟讀深思之。則所謂之「不信邪」者，應有爽然自失之感。

3

我爲什麼引證司馬季主這麼一段話？因爲要說明：算命的工作，是「導惑教愚」，和「驗光配鏡」之好處是一樣的！

至於「迷信」算命的人，也好有一比。迷信命運者，等於一個人驗光配鏡之後，只配一次，永遠不再去配。他甚至視僅配一次的眼鏡爲寶貝，以爲他的光度永遠是正確的。至於那個驗光的儀器是否準確？配鏡師傅的技術是否高明？以及每隔幾年，自己的眼睛是否退光？鏡片的光度是否適合等等問題，一概不理。如遇視線模糊，不知是眼鏡的不合光，（個別算命的、評斷錯誤）而只怨自己的眼睛太老花，（以爲自己命該如此）這也未免冤枉（迷信）自己的眼睛（命造）了。我想奉勸「迷信」命運之人，不妨多找幾位命學家，重新「查查八字」，（等於每隔若干時期，再去驗光配鏡）比較比較，做個參考。如此，庶不至誤！

我從三十一歲起，經過宦海浮沉、嘗過人生的甜酸苦辣滋味。覺得好些事都非始料所及！因此，而逐漸相信：人、大概是「有命存焉」；否則，爲何會有那麼多的七奇八怪遇合？不過，還是不會堅決「相信命運」。理由是：在庚寅年（公元一九五〇年）之前，我在國內，請過不下二十位的算命先生替我「查查八字」，不客氣一點的說，其中、十個有九個不靈。但有一樁例外，算我「運氣壞」的，倒也有三四位不太離譜。更有一件怪事，這就是其中有一位在蘇州金門內一條橫巷上，門口只貼了一塊手掌大的紅紙招，寫着「姚城潘東曙批命」七個字。我付了等於銀洋十圓的幣值，這位年逾知命的老人，替我批了五年一本。當時，由於年青之故，閱後，漫不經意的把那本命書弄掉了。歷時經載，回憶批命本中的評語，幾乎是十驗八九。不由你不信服他。可是，在庚寅年之前，雖然相信有命存焉之「理」，而因不能懂得五行命學之「數」，縱卽「相信命運」，其信念仍是不堅决的。

近十五年來，於顚沛流離之後，研究命理，對於陰陽五行之學，引起極高興趣。因而知道個中訣竅，是具有畧同於「數、理、化」的科學內容，令人非「相信」他不可！自甲午年起、（一九五四年）我在香港各報章雜誌，發表「科學命理閒話」的拙作，迄今十年，達五十餘篇。尤其是自己亥年（一九五九年）以來，猥荷星島晚報綜合版主編胡爵坤先生，及天下半月刊社長蔡逢甲先生，不時以寶貴篇幅，替我刊載所謂之「預言文字」；恐貽知友之羞，爰竭棉薄以赴。但這些拙作，都僅爲畧述個人體會先賢命理名論之心得，公諸報端，以俟大雅之是正而已，初非敢稱「預言」。我自覺在古籍中雖有若干發現，但却毫無發明，乃本聖人遺訓：「述而不作」，藉以藏拙；是故迄今未曾編印拙著。一恐老而悔其少作，二恐貽笑大方也。

此次，印製這本小冊子，是有偶然因素在焉。

三週之前，我以香港「曆法學專家」蔡伯勵先生的「通書」，和廣州出版的「羅氏通書」比較了一下，發現「羅氏通書」有了一些錯誤，於是寫了一篇拙稿，送刊於星島晚報。

翌日，便是公元一九六五年元旦，華僑日報記者司徒亮先生，過訪舍間，他表示：昨夕看過「談廣州通書之誤」之作，問我：「有沒有乙巳年世界大事的預言文章」？司徒先生說：「你於甲辰年農曆正月初三日在華僑日報所發表的龍年預言，大家都樂於閱讀，所以希望今年再寫一篇」。我就答復說：「古人云：天機不可洩，洩之有殃。這是專指政治性的預言事兒。這十年來，我對於世界政治人物前途的預言，也實在說得太多了，或許會是洩之有殃的。因此，從乙巳年立春節之後開始，我就不打算多寫有關政治性的預言，而擬轉入於陰陽五行學術的研究工作，預測一些民生日用有關問題。設法努力揣摩內經上面的「天人合一」之學，使醫理和命理聯繫起來，把這世界絕無僅有的天干地支玄祕，予以揭開，創造出「醫命合一」的學說。仰體「天地之大德曰生」之旨，將全世界人類保健的工作，推進一步，謀求人類子子孫孫的福利。漢儒所謂：「古之聖人，不居朝廷，必在醫卜之中」，也許就是這個道理吧？現在，我已準備從古人所撰之「月令豐歉預言歌」着手，對於這十二首預言歌，逐字逐句予以科學命理的新解。不過，只是腹稿，尚未命筆」。司徒先生約期而去。

我得到了司徒先生不恥下問的鼓勵，當晚，我就草擬「預言歌新解」的提綱。於搜索枯腸之外，又反復玩味黃帝內經，禮記和史記、以及其他有關的古籍，多半都是漢朝以前的東西，竟把「月令豐歉預言歌新解」，拉拉雜雜地寫到了一萬五千字之多。誠恐報章篇幅有限，難予刊載。如予刪節，又覺可惜。因爲，這篇新解，是近幾年來我所積累和體會的資料與心得，羅之於胸日久，然後筆之於書，倘覓割裂，就會詞不達意，而且打破他的完整性。考慮至再，決定自印單行本，以饗愛好命學之讀者，兼俟四海方家之斧削！如此經過，就是我出版這本小冊子的動機。

7

至於「月令豐歉預言歌新解」之作，其時間性，可以說是無限制的。每個太陰曆年度，都可應用。尤其是在每年的農曆元旦、和立春節日兩天，如果讀者有興趣、而依照「預言歌新解」所徵引古籍陳述的測驗氣候、觀察風向、辨別晴雨、以及採聽市民說話之聲音腔調……等等中國上古時期所實踐的「科學方法」，去予以一一「依樣畫葫蘆」的施行起來，我主觀地以為，未始不是新春「娛樂」和「益智」的兩利。

在「月令預言歌新解」之外，我又補充了一些材料，把「人類和萬物的來源、命造的動力、運氣的成因、醫命結合的實踐理論、中西命學的異同」……等問題，寫了六篇新作，並附入已在報上發表的舊作五篇，都是具有純學術研究性的文字。這本小冊子所載的新舊拙作，連同「月令預言歌新解」在內，共為十二篇，以象「地支」之數。其中除有兩篇是專談外國人的「運氣」和「命造」問題之外，其餘十篇，以象「天干」之數。因天干各藏於地支之內，惟有子卯二支，專氣獨一，故僅以兩篇專談外國人。

又在十二篇之中，計有新作七篇，寓意天象之「七政」；舊作五篇，寓意地理之「五方」。蓋天行健，日新又新；而地道靜，山河依舊也。

此外，還有附錄之件，其中有鄉前輩許靜仁（世英）先生遺墨一幅，以象「無極」；因靜老雖歿世，而其浩然之氣長存於無形宇宙之中。

有唐圭良（蟒）先生五律一首，以象「太極」；因唐圭老爲留東前輩，對於我研究子平之術，多所鼓勵與贊助，始克有今日也。

有日本友人來函四封，以象「兩儀生四象」。

有替西方友人批命的圖例三件，以象「天地人三才」。

又於封面印有「九宮八卦干支方位圖」一幅，並於圖的週圍加一個大圓圈，以象「無極生太極」之混沌初開。於封內印有「太極陰陽圖」及「命宮掌訣圖」各一幅，以象「理、氣並行」之乾坤始奠。

最後在底頁之封內印有舊作五律四首，以象「地球之盛載萬物」，五律四首者，五行佈於四季之意也。至於卷首語以象「日」，卷尾語以象「月」，日月照臨萬方，天下之事物無不可見，以此而對這本小冊子的寫作動機和態度，有所說明；或亦五柳先生遺風，「常著文章自娛，頗示己志」之微旨吧？

由於「命造」是每一個人之天賦，「運氣」會影響於任何一個人，而「月令豐歉預言歌」，又是以全人類的健康問題爲預測之目標；所以，我就把這本小冊子命名爲「人的運氣」。

草創之作，諸有未逮。敬希四海賢達，命學先進，不吝是正，實所禱幸！

甲辰季冬，月望良宵，**雙桐館主謹識**

附註：「日者」，乃漢代以前對於占卦算命者之稱號。「墨子」上面，有一段「日者」故事：「墨子，北之齊，遇日者。日者曰：『帝，以今日殺黑龍於北方；而先生之色黑。不可以北』！墨子不聽，遂北。至淄水，墨子不遂；而返焉。日者曰：『我謂：先生不可以北』。」於此可見，墨子開始時，是「不信邪」。然而，「不遂」的逆境，正如「日者」預言。這就叫做：「不由你不信」！試想：墨子如不相信命運，他豈肯在他的大著「墨子」中，以寶貴篇幅來紀錄「日者」的話？

公元一九六五年一月十七日寫於香港·九龍·北河街·十七號·二樓·雙桐館·

11

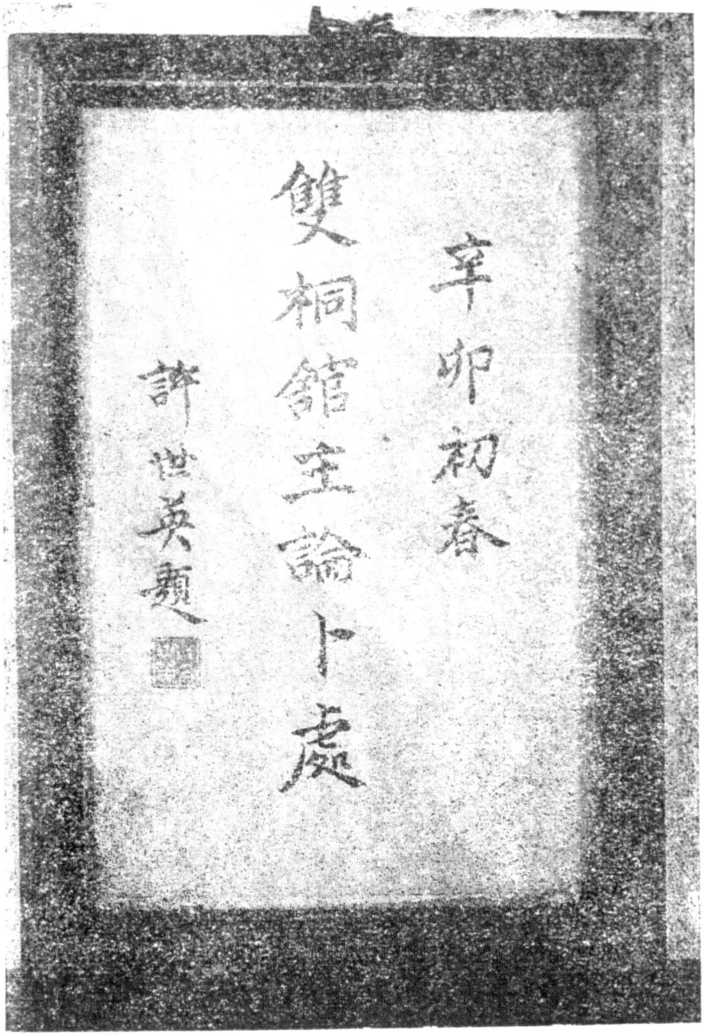

（右爲鄉文許靜仁先生題字）

淮水產英傑，君才早有聲。南窗寄傲骨，東海醉春櫻。（季高桐城人，日本明治大學政治學士，曾任留日學生指導工作）精易誇神卜，知人尚直評。雙桐名別館，長抱憶先情。（令先公滌凡翁精於易，季高承庭訓，獲心傳，故擅卜筮。辛卯歲始肆力於子平。壽因憶乃兄子雲學人，額所寓曰雙桐館）

季高吾友哂政　圭良

（唐圭良先生，諱蟒，湖南瀏陽人，清末民族革命先烈唐才常先生長公子、前外交唐有壬氏之令兄也。先生爲日本陸軍士官學校高材生；北伐軍興，任參謀長，人稱儒將。余與先生君若有前緣，一見卽成忘年交，余亦以父執之禮事之。甲午歲暮，先生不幸中風，遽歸道山。爰載先生於癸巳夏賦贈五律一章於篇首，藉誌追思云爾。　作者謹識）

13

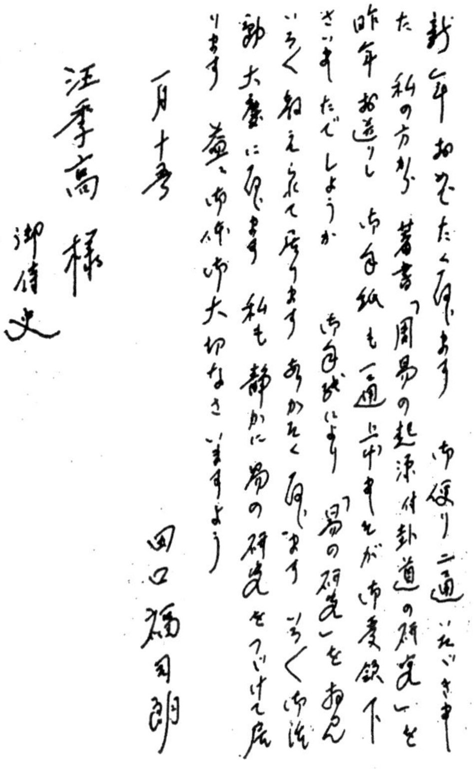
新年おめでたく存じます　御便り二通いただきました　私の方から著書「周易の起源付卦道の研究」を昨年お送りし　御手紙も一通いただきましたが御受領下さいましたでしょうか　御手紙により「易の研究」をおやんいろく考えられて居ります　ありがたく存じます　よろしく御活動大慶に存じます　私も静かに易の研究をつづけて居ります　益々御体御大切になさいますよう

田口福司郎

一月十三

汪季高様
御侍史

挿圖說明：

田口先生，年已古稀，乃日本文學博士，所著有「周易之起源及卦道之研究」等書，桃李滿於北日本，近代之易學大師也。

14

拝復
御手紙と現象報を有難く拝読いたしました
今春御来日の節は折角久し振りに拝眉し懐しさ
堪えられなかつたに拘らず何の御接待も出来す
申し譯なく思つています。ただ何よりも御健康の
御様子を拝察して大變嬉しく、その上御元気な
御方の様子を知つて大いに意を強くしました。
日本から御帰國の後は御疲れだつた趣、併し
それも御全快と聞き愁眉を開いています。
現象報に依れば小生の命運も今後は先ずます
好轉の由、雙桐館主先生の神のような公平無私
の命理に基づくお話しですから天の啓示となし
大いに希望をもつて今後の余生を努力しながら
生きる積りです。従つて今後は時々小生の現況を
御報告して御指示を受けるようにいたしますから何
卒宜しく願います
亜細亜の情勢は今後大きく変動することは必然
なれば、この変換機に臨し先生のような命理学の
大家は民衆を指導するため御自愛を願い大いに
御努力を祈つて止みません
先ずは先生の御健康御安泰をお祈り申上げ
旁々御通信の御礼を申上げます

敬白

一九六二年十月十四日

小弟　今井武夫
東京都中野区上高田町三〇

注季高先生

插圖說明：

今井先生，年近古稀，爲作者留學時之忘年交。抗戰軍興，音郵阻絕。一九六二年春，作者出席日本精神文化國際會議，舊雨重逢。今井先生頭童齒豁，作者亦兩鬢漸斑。渠深以作者學命爲可喜，乃於別後，寄示此函。

15

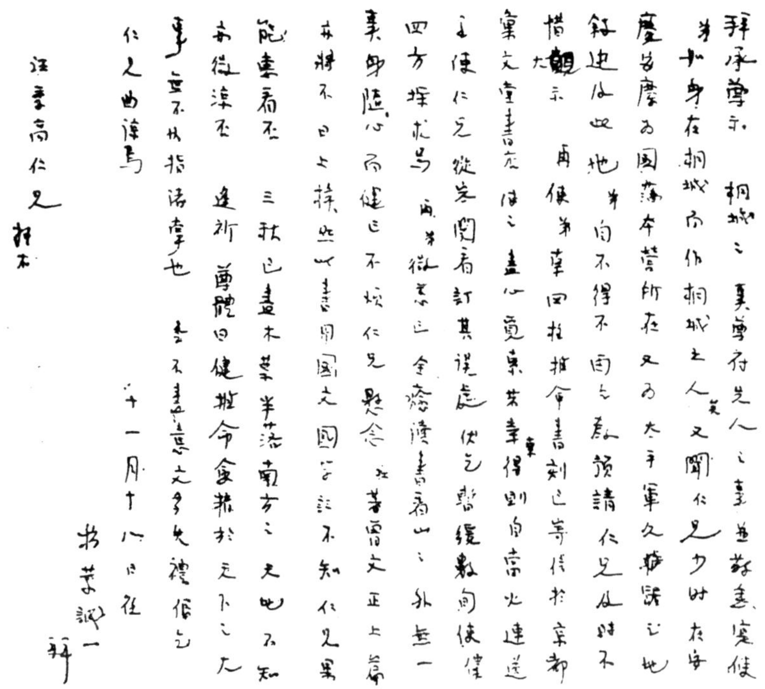
拜承尊示 桐城之 真尊府先人之墓並嶽表寔使
弟於身在桐城而作桐城之人矣 又聞仁兄少時在安
慶安慶為國藩本營所在又為太平軍久據之地
錄述以此地 弟自不得不因之敬預請仁兄以時不
惜大觀示 再俟弟草四柱推命書刻已寄付於京都
棠文堂書店 俟之盡心覓東京幸得劉伯宗火速送
上俾仁兄從容閱看訂其誤處 伏乞 賜寬數日俾僕
四方探求焉 兩弟微意已全瘉讀書看山之外無一
業身隨心而健已不煩仁兄懸念 雅著曾文正上篇
亦將不日上梓 此心書用國文國字註不知仁兄果
能奉看否 三秋已盡木葉半落南方之天地不知
亦從淳否 遙祈 尊體日健推命愈精於天下之大
事無不如指諸掌也 書不盡意之多失禮 假乞
仁兄曲諒焉
十一月十八日 在
稻葉誠一 拜
汪季高仁兄 [illegible]

插圖說明：

稻葉先生，曾在中國西安留學，爲歷史考據家。近年多病，然仍力疾撰述，所著「曾國藩傳」，考證淵博，雖我國人，有所不及。與作者爲三十一年老友。渠謙稱：擬覓日本「四柱推命書」，倩作者「訂其誤處」。又函云：「推命愈精，於天下之大事，無不如指諸掌」。具見日本漢學家，誠篤古道，對頑劣老友期望之深矣。

16

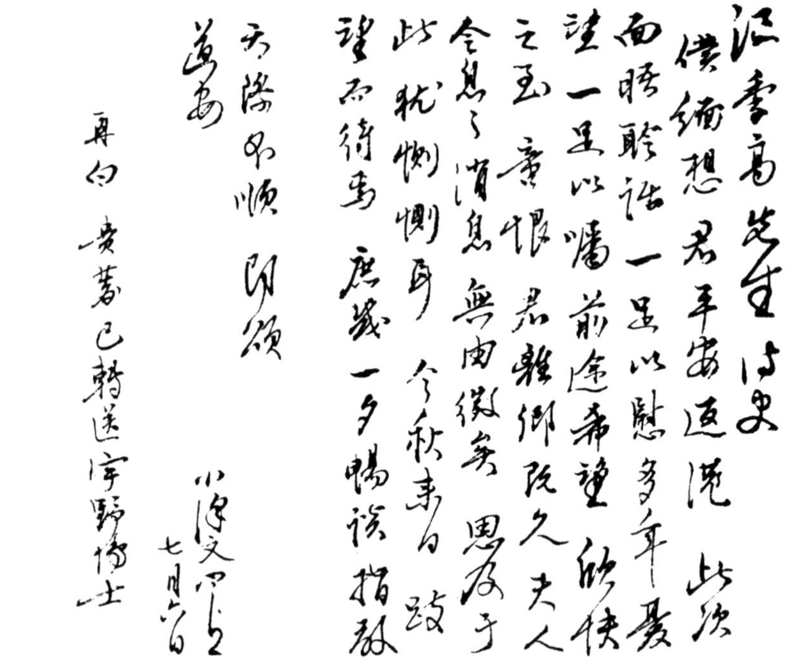

汪季高先生侍史

借緬想　君平安返滬　此次

面晤聆話一是以慰多年渴

望一是以備前途希望　終俟

之至　惟　君離鄉既久　夫人

令息之消息無由徵矣　思及于

此枕惻惻耳　今秋來日致

望而待焉　屆時一夕暢談　指教

天際不順　即頌

道安

小澤文四郎　七月六日

再白　貴著已轉送宇野博士

插圖說明：

小澤先生，齒穉於稻葉教授一齡，然仍長於作者五年。與作者同一年畢業於大學研究院。十年前，渠以研究易經論文，獲文學博士學位。

函中所稱之「宇野博士」，即：宇野哲人先生。宇野先生已行年八十有九，乃現時日本漢學界中首屈一指之前輩。清光緒年間，宇野先生曾任中國「京師大學堂教習」，先兄子雲，與宇野先生有舊。壬寅春，作者于役江戶，曾往叩謁，見先生顏色，若六十許人。別後，倩小澤兄以拙著「人性的科學分析」一冊代呈，故函尾云云。

17

Born at 6 a.m. on 27th July, 1907

	YEAR (This is the ROOT)	IS	NEGATIVE MARS Represents BROTHER	PLANET is B-	SIGN is LEO	Negative Saturn C-	Children
						Negative Jupiter A-	Parents
						Negative Mars B-	Brother
	MONTH (This is the GROWING GRAIN)	IS	NEGATIVE MARS Represents BROTHER	PLANET IS B-	SIGN IS LEO	Negative Saturn C-	Children
						Negative Jupiter A-	Parents
						Negative Mars B-	Brother
(MAIN FORCE)	DAY (This is the BLOSSOM)	IS	NEGATIVE MARS Represents SELF	planet is B-	SIGN IS CAPRICORN	Negative Saturn C-	Children
						Negative Mercury E-	Power
						Negative Venus D-	Wife
	HOUR (This is the FRUIT)	IS	NEGATIVE MERCURY Represents POWER	Planet is E-	Sign is SCORPIO		
						Negative Jupiter A-	Parents

When you were born the sun was at the sign LEO.
The destiny of your whole life is determined by the sign LEO.
You started to establish your own luck 70 days after 6th birthday. Your luck will be changed every FIVE years.

插圖說明：

此係一九六一年秋，作者為西友某君所評「命造」之「四柱」形式。

THE OUTLINE OF MISS

Born at between 7:00 a.m. - 7:30 a.m. on

7th October 1933

150 days even your First birtnday you were beginning to have your fortune, that is at 7:00 a.m. on 7th May 1934. And you walk into another period of luck every five years.

Your luck change every FIVE years Good or Bad.

YEAR (This is the ROOT)	is	NEGATIVE MERCURY Symbol of GOOD OFFICER	PLANET E-	SIGN is TAURUS	Negative VENUS	Symbol of TRUE WEALTH
MONTH (This is the GROWING GRAIN)	is	NEGATIVE VENUS Symbol of TRUE WEALTH	PLANET is D-	SIGN is TAURUS	Negative VENUS	Symbol of TRUE WEALTH
DAY (This is the BLOSSOM)	is	NEGATIVE MARS Symbol of YOURSELF	PLANET is B +	SIGN is LEO	Negative MARS Negative SATURN	SYMBOL of spending Money Symbol of Children Help make Money.
HOUR (THIS is the FRUIT)	is	POSITIVE MERCURY Symbol of a BAD OFFICER	PLANET is E +	SIGN is LIBRA	Positive Saturn NEGATIVE Jupiter Negative MERCURY	Children help make money Your mother to bring you up. Good Officer

1) You were born under the sign of LIBRA.
2) On the day that you were born, your fortune was determined by A-SCORPIO.
3) Your Luck in 1961 was determined by B- PISCES.

插圖說明：

此係一九六一年秋，作者爲西方友人某小姐所評「命造」之「四柱」形式。

中國排八字的命造干支一覽圖

年份的干支是人的根本	陰性的金代表妳的慈愛	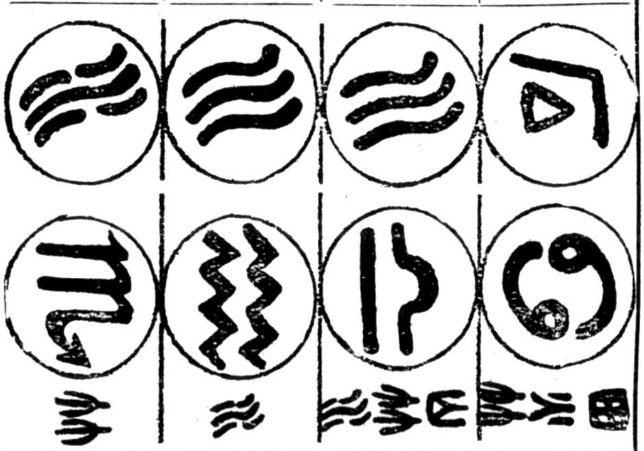	陰性的土，代表妳的正氣。 陰性的火，代表妳的正財。 陰性的木，代表妳的機謀。	陰的年份
月份的干支是人的發展	陽性的水代表妳的同類		陽性的土，代表妳的果斷。 陰性的木，代表妳的機謀。 陰性的水，代表妳的助力。	陽的月份
日子的干支是人的本體	陽性的水代表妳的本體		陰性的水，代表妳的助力。	陽的日子
時辰的干支是人的歸宿	陰性的水代表妳的助力		陰性的木，代表妳的機謀。	陰的時辰

自一九六三年起，作者改革命算公式之圖案。而以中國篆書象形文字表示「天干」，以西方十二星宮之圖形表示「地支」。此係中文批命未譯之原稿。西方友人一見此蘊算命公式圖案，已能明瞭本人「命造」之結構狀態。此圖係為西友某小姐所批者。

一　人類和萬物的「命造」之來歷

任何人類及萬物生於地球之上，都有「命造」。先聖孔子曰：「天地合，而後萬物興焉。大凡生於天地之間者，皆曰：命」。（禮記祭法）此之謂也。至於人和萬物的命造，究竟根據什麼而產生呢？茲據「內經」所載之黃帝「天師」岐伯——四千七百多年前傑出的偉大天文、曆法、醫學、哲學、物理學之綜合科學家的話，而把岐伯的原文意譯爲語體文如下：

岐伯向黃帝報告說：「天地的運動和靜止，五行循環流通之生尅制化，都是宇宙界的變化作用。這些變化作用，在太空方面，是使天上顯出許多星象；在大地方面，是使地上生成萬物形態。日、月、木、火、土、金、水七個星宿在太空運行着，於是五行金、木、水、火、土，五行的大自然氣流就環繞着大地而流通。這個大地，是專門用來居住由「五行」所生長變化出來的一切有形之物類。太空之中，是分佈着所有星宿的精靈之氣；而大地上成了形的萬物，就和天上星宿精靈之氣發生了運動影響的關係，其無形的相互關係，就好比一棵樹的根和枝葉那樣的密切。大地上的萬物，雖然是有已往遙遠的歷史，雖然也有今後永遠的未來，好像是令人莫明其妙；但只要你抬起頭來朝向天象一看，也就都可以懂得其中之道理的」。

黃帝問曰：「大地，是否就在天的底下」？岐伯回答說：「大地、裝載人和萬物，所以，大地就只是在人的下邊，而虛懸在太空之中的」。黃帝於是感覺很不可思義，就緊接追問着說：「大地這麼大，他憑藉什麼力量能够虛懸在太空之中呢」？岐伯扼要的回答說：「這就是剛纔所說五行大自然氣流的力量，把大地高舉於太空之中的。燥氣使地乾燥；暑氣使地蒸發；風氣使地運動；濕氣使地潤澤；寒氣使地堅實；火氣使地溫暖。所以、風氣和寒氣，都在下邊；燥氣和熱氣，都在上邊；濕氣在於當中；火氣流動於上下左右。這樣就形成了四季的寒來暑往。於一年之中，必有六種天氣侵入於大地；大地的五行之氣，受着『天地陰陽之氣交會』的影響，使令大地由虛無而入於有，——太虛生無極，無極生太極——於是大地就生長變化而有了萬物」云云。

內經又有另一位黃帝的大臣鬼臾區說：「所謂陰陽五行者，是宇宙間對立而又統一的法則。一切事物，都是具有陰陽兩性的對立面，旣是事物發生變化的開始，又是事物之成長與毀壞的本原。陰陽五行是含有神明的機理於其中，怎麼可以不把他弄個明白呢？凡是萬物的開始生長就叫做「化」；萬物生長發展至於極端就叫做「變」。陰陽變化無窮就叫做「神」。能够神而明之，靈活運用陰陽五行發展規律的原則，而又不拘泥於機械式的老方法，日新又日新的去躬體力行、把變化無窮而難測的陰陽五行之學活用起來，就叫做「聖」者」。

鬼臾區又說：「所謂神而明之的變化作用：從宇宙的天道方面講，他是有主宰萬物之無窮玄妙的偉大力量。從萬物之靈的人道方面講，是教人明白因果，懂得正常的道理，和發揚偉大的天賦優良人性。從大地的地道方面講，它順從着大自然的規律，就能够生化出萬物。大地能够生化，就會產生着甜、酸、苦、辣、鹹五味。人類明白因果道理，就會產生着高度的智慧。天道有了無窮的偉大力量，就會產生着陰陽變化、運動不息的神蹟。這些神而明之的變化：在天上的是風氣，到了地上就是草木。在天上的是熱氣，到了地上就是火力。在天上的是濕氣，到了地上就是土壤。在天上的是燥氣，到了

地上就是金石。在天上的是寒氣，到了地上就是水份。所以，在天上的是無形之六氣，而到地上就化成金、木、水、火、土有形的五行。這個無形的六氣和有形的五行相感應而融會起來，就很自然的生化爲萬物。但是，天地是萬物上下的範圍。萬物的左右，都是陰陽升降的道路。水火的一冷一熱，是一陰一陽的徵兆。木金的一生一殺，是生長的開始和收成的終了。天上六氣有多少的不同；地上五行有盛衰的分別。在天上的六氣和地上的五行互相感召之下，於是，不足和有餘的現象，也就會很明顯的暴露了出來」云云。

關於「人類命造，根據什麼而產生」的道理，如果讀過上述岐伯和鬼臾區兩位先賢的議論，應該可以思過半矣。

又在癸卯夏，我偶然拜讀兩種不同的中國宗教預言。他們的教義，雖皆以救人救世爲本，但其出發點和方法，完全不同。至於他們的宗教儀式之不一樣，當然不在話下了。可是，令我大感意外，他們的預言，卻有一項不約而同的「說法」。大意是說：「天上一共有九十六億顆星宿，『天人合一』的，所以將來的地上人口，也會到達九十六億之數。等候地上人口達到如此之衆，「天人合一」之數已盈，天地復合而使人類毀滅的三期末劫也就來到」云云。這個「預言」有什麼根據？除了「天人合一」之說，是見於黃帝「內經」之外，其他的話，我也一時無法在中國聖經賢傳中找到答案。不過，「九六」二數，是「乾坤」二卦的最高最末的一爻。亢而且盈，當然不妙！這地球果眞到了九十六億人口，大地人滿爲患，自屬嚴重問題了。惟此「預言」，却也有値得告慰於讀者的地方。這就是：今後倘不幸而爆發第三次世界大戰的話，那就可以斷言：決無「世界末日」之虞。因爲，世界人口距離九十六億之數還遠呢！

附註：我於一九五九年元旦，曾在春秋雜誌發表拙作，預言：這地球一共要有五次世界大戰，然後纔會天下大同，人民康樂，永無戰爭之苦。但在公元一九七一年至一九七三年之間，第三次世界大戰的序幕，便會由日俄兩國衝突而爆發。

二　人類「命造」的動力來源和結構

大凡：人母未孕之初，子宮精血交會，猶如宇宙未判，命學稱爲「胎元」，乃「太虛」之象。及其懷孕十月，胎兒有自然成長之理，而無直接吸呼之氣，命學稱爲「息元」，乃「太虛」生「無極」之象。等到瓜熟自落，嬰兒脫離胎盤，而呼吸第一口「混元空氣」之時，命學稱爲「命造」，始爲「無極」生「太極」之象。斯際陰陽相合，「天人合於一炁」，而人生天賦「血氣心知之性」於焉開始！此卽命造動力之來源也。

中國命學和醫學，都是以「血爲陰」，以「氣爲陽」的。人們在母體之內，以母血養「生」，尚未有「命」，其時有陰無陽，名爲「胎兒」。至脫母體呱呱墮地之後，有了自己「性命」的直接呼吸，血肉之倮體與空氣融會，這時纔是陰陽齊備，稱爲「嬰兒」。盖「胎兒」無「母血」卽不能養「生」，故其體「陰」多；「嬰兒」無「空氣」卽不能活「命」，故其體「陽」旺。凡一嬰兒之誕生，卽其本人開始有了「宿命」的發展定律。

至於中國命學之中的「命造」結構，我簡單地畧述如下：

中國太古之時，天皇氏制作「天干」，以代表「天氣」。地皇氏制作「地支」，以代表「地氣」。（註：唐朝司馬貞「補史記」三皇本紀云：「天地初立，有天皇氏，……地皇……人皇，以後有五龍氏，燧人氏，……春秋緯稱：自開闢至於獲麟，凡三百二十七萬六千歲」云云。據此可知：中國干支之學，迄今已有三百二十七萬八千五百一十三年之久的歷史。但據我所瞭解，西方命學，只有完全相同於地支的「十二宮」之圖案，始終不曾有過「十天干」的學問。於此可見，中國命學，遠較西方爲美備矣。）至四千七百多年前，黃帝的大臣大撓氏，掌握了「天干」和「地支」的動力原理，神而明之，推陳出新，作出嬰兒始生之時的「天地陰陽氣流交會結晶狀態」之「天人合一」宇宙觀的紀錄，把嬰兒面世之年、月、日、時的宇宙「混元空氣」，劃分爲四個不同的天氣——「天干」；和四個不同的地氣——「地支」；彙合起來，叫做「命造」。「命造」者，即制「造」的「命」格之意。別名爲「八字格局」。所謂「八字」者，係指該嬰兒命造中所有之四個「天干」的字、和四個「地支」的字、加了起來，合共八個干支之字，故名「八字」。所謂「格局」者：「格」，是「分類」的意思；「局」，是「現象」的意思。任何一個「命造」，都必然有一個「八字格局」的稱謂。換言之，「八字格局」，就是那個「命造的結構」；或亦可將「八字格局」稱爲該「命造的代名詞」。故不論富貴貧賤的「命造」，就一定各有其「八字格局」；這和一個人，必有其「姓名」的道理是一樣的。人，不能僅憑「姓名」而知其人之好或壞；「命造」，也不能僅憑「八字格局」而定其命之貴或賤。世人蔽於「俗謬之說」，每喜侈談「八字格局，分貴賤貧富」之論，余特遵依正確之科學命理法則，順便提出糾正一下。

三　「運氣」是什麼

所謂人們的「運氣」者，「運」、是運動之謂。「氣」、是氣流之謂。故「運氣」二字之涵義，乃指大自然「五行氣流運動」之狀態而言。另有一種「運氣」二字之解釋：古聖人以「天氣」分爲「六氣」；以「地氣」分爲「五運」；合而言之，稱爲「運氣」。總之、「醫學」有「運氣」之學、乃「五運六氣」之學也；「命學」有「運氣」之學，乃「五行氣運」之學也。實則二而一，一而二者也。盖醫命二學相通，互爲「消息」者也。

至於「運氣」的運動流行，在每年是不同的。因此，每一個年份，就根據「運氣」融會各異之狀態，及每年大自然氣流之流動情勢，而稱之爲「流年」。這個「運氣」不同的「流年」，每隔六十週年纔循環一次。但每六十年的「運氣」，於每一百八十年之中，又有「上元、中元、下元」之別。此外，復有其他很多的區別。從天地開闢以至於世界末日，歷經千百萬年，每年的「運氣」，都是似同實異，似異而同的。

四 「運氣」的好壞和「算命」方法

如何知道人的「運氣」之好壞呢？這要畧談「命造」之本元問題。當嬰兒之出母體也，於呼吸最初第一口「混元空氣」之後，其空氣即於呱然張口大啼之際，通過口腔與鼻腔而充塞於肺葉之中。於是，血肉之「陰」、與空氣之「陽」融合，猶如一部蒸氣機，在儲水器（陰性）滿盛清水之後，再加以爐火（陽性）一燒而沸騰，其牽引機（嬰兒）即能賴此熱力而開動。父老相傳：「嬰兒落地不哭者，難養」。我於學會命理之後，始對此一父老相傳之古諺，得到答案。盖緣：嬰兒如落地不哭，口不張開，鼻腔呼吸「混元空氣」過於微小，肺葉必無充分之「陽氣」；則此嬰兒甫生，「後天」之肺氣即弱，其爲「難養」也，必矣！

大凡「長命易養」之嬰兒，必於落地時呱呱大哭。盖大哭、則口鼻大開，「肺張、心跳、脾運、肝舒而腎盪」。嬰兒剛剛面世，內陰之五臟即有一次高節奏之合理運動。於是，外來「混元空氣」中之「五行陽氣」，即時得以大量輸入於肺。由於嬰兒五臟運動急速，於是肺臟「以子傳母」，立能輸氣入脾。脾臟「逆傳」而入氣於心。因之，心臟活躍之機能驟增，心氣「下達」而入於肝。肝臟本係「血海」，一經心氣助其波，立能運「陽氣」於腎臟。腎乃「先天之本」，得肝臟所傳之「五運地氣」以盪漾之，陰陽交會，生機勃然。至此，肝腎「先天之氣」，氤氳於「丹田」之中；脾肺「後天之氣」，出入於「華盖」之外；而以心臟司其樞機。而嬰兒五臟之運動健全矣。其初，能覺五味；漸次，能聞五音；復次，能辨五色；再次，能知五倫；最後，能明五常。於是，人道斯備矣。

此後，嬰兒繼續生命，永恒呼吸「日常空氣」。此「日常空氣」，凡與「混元空氣」相宜而融和者，其五臟必舒暢無疾，頭腦即清新靈敏；於是，心廣體胖，發財發福，叫做「運氣好」。凡該「日常空氣」，與「混元空氣」不合而牴觸者，其五臟必扞格多病，頭腦亦昏瞶糊塗；於是，心勞力絀，背運背時，叫做「運氣壞」。

排次「流年大運」之「算命公式」，即研究「命造運氣好壞」之不二方法。所謂之「算命公式」，即係命學「代數方程式」之「算學演草」也。所謂之「算命」者，乃探

31

求天時（即：始生年月日時之當時大自然氣流）、地利（始生之地理分野的氣候）、人和（即：父、母、夫、婦、兒、女，及初婚之期，與始業之期等）各項五行生尅制化之情，而加以推算，申論其「吉兆」與「凶機」，使人知所適應之道。

算命之公式：首將該嬰兒「命造」列出，再區分爲陰女陽男，或陰男陽女之別；然後決定該命造之「運氣程序」，是「順行」，抑「逆行」。即檢查「萬年曆本」，視該命造誕生日時，距離所生本月節令、或下月節令之遠近，以「一個時辰」代表十日，以「三整天」三十六個時辰代表一年，予以數學統計。又將命造與未來或過去之月份加以邏輯，歸納成爲一生「運氣程序起訖表」，每十年「運行」一個天干和一個地支，而以天干代表前五年，地支代表後五年。再將此每十年「干支運行之氣」，與命造之「生日天干之氣」相較而繽繹之。又綜合父、母、夫、婦、兒、女等人「生日天干」之情況，統計出一個結論來。並於此結論中，掌握其人「命造八字」之一個天干或一個地支，作爲最有「作用力量」之樞機，而將此最有「作用力量」之干或支，定名爲「用神」。又視「命造八字」之中其他一個干支之於「用神」爲有益者，乃可喜之象，因將此一干支名爲「喜神」。命造之「喜、用」必須確定！猶如測量角度，於固定一個「中心」之外，（用神爲中心）必須再向「四方」任何一方選定一個角，（喜神爲用神的輔助角）始能分辨四方而不誤。倘談命只知「定用神」，而不知「尋喜神」者，則縱有中心，而方向莫辨。總之，人生之「運程」，與命造之「喜用」相互關連。「運程」所遇之大自然氣流於「喜用」有益者，作「好運」看；「運程」所遇之大自然氣流於「喜用」有損者，作「劣運」論。此乃命學之大要也。

五　中國和西方「命學」的不同

中國「五行家」之「宿命論」，與西方「哲學派」之「定命論」，大異其趣！

西方「定命論」，根據星宮。而星宮固定，毫無變易，於是形成機械，不能自拔。

中國「宿命論」，根據氣流。而氣流活動，有常有變，於是靈活適應，可以調整。此乃中西命學第一點的不同！

西方「定命論」，純係一種極端之論調，重於思想，看重「爲什麼」，而無法替人們解決基本之問題。中國「宿命論」，並非一種論調而已，而是含有行爲哲學、人生哲學於其中。其理論基礎重於行爲，看重「怎麼辦」，能以邏輯方式替人們袪除思想上重大困擾之問題。此乃中西命學第二點的不同！

西方「定命論」，總是朝前看，而無法向後看，因此之故，西方哲學的終極點，最後只有離開了現實的人生觀，而將希望寄託於天堂永生、渺不可知之虛無生命上。西方宗教之所以發達，西方「定命論」的哲學學說，實與有榮焉。然而西方神經病人之多，亦自有其來由矣。中國「宿命論」，既是朝前看，又可以向後看，中國哲學的終極點，是教人正視現實、適應現實、設法改變現實、創造現實、但決不逃避現實；既不向現實屈伏，也不向現實硬碰的人生觀。相信「宿命論」者，惟知：「運氣好，則愈作合情合理的努力。運氣壞，則以君子安貧，達人知命爲訓，而不作趨於極端之想」。在中國境內，各種宗教之所以不大發達，中國「宿命論」的五行學說，實大有影響。因之而使神經病人不多，自殺者較少。（按：香港是例外的）甚至因有命學「合婚姻緣論」之存在，而使離婚之事較稀。總而言之，中國命學，是一種中正和平、「克己復禮爲仁」的「處世哲學」。此乃中西命學第三點的不同！

在我個人這十五年來所體會的中國命學，以爲這種學說，是可以補法律與宗教之不足！而具體的五行生尅命學理論，全係物理化學研究工夫，毫無迷信成份。其躬體力行之道，實爲中國國民性表現之優良結晶品。其陳義之高，其效力之廣，乃任何社會制裁勢力之所不逮。而其人事、地理、天時等等適應方法，更係囊括達爾文之「物競天擇，適者生存」的理論而過之。西方「哲學派」之「定命論」，不可與中國「五行家」的

「宿命論」混爲一談！

我平日勸人要「相信命運」，不要「迷信命運」，實具「自覺」與「精進」之涵義。良以中國聖人，只是教人「安貧、知命」，決不教人「知貧、安命」。而「安命」之涵義，又與「安份」的意思，大不同也。凡屬熱愛中國文化之志士，通過中國命學的啓發，而能達到「自覺」與「精進」之境域，則中華民族優良品德之提高，必可拭目以俟！

比較了中西命學之不同點以後，諸位讀者應該可以瞭然於中國科學命理，究竟是怎麼一回事的。

六　「醫，命結合」疾病論

——五行配合身體器官的病理說明

人之生也，受氣於父，成形於母。五臟和平者，無疾；尅戰太過或不及者，主病。內經云：「東方實、西方虛、瀉南方、補北方」。東方實者，木太過也。西方虛者，金不及也。瀉南方者，火太過也。補北方者，水不及也。是以五行太過與不及，皆主疾病也。

若水升而火降，火降而金清，金清而木平，木平而土不受尅。五臟各得中和之氣，疾病何自生乎？

人之命造四柱，應分其內、外、上、下，綜合而觀之。衡其輕重舒配之情。凡屬五行調和者，則無疾；而相戰、太過、或不及者，皆爲病也。

清代科學命理大師任鐵樵氏曰：「五行和者，一世無災。血氣亂者，生平多疾。所謂五行和者，陰陽無太過不及之患也。所謂血氣亂者，陰陽背而不順之謂也。

「蓋五行通於五臟六腑，發於九竅。凡十天干受病，多屬六腑。十二地支受病，多屬五臟。

「五行在天爲五氣，青、赤、黃、白、黑也。在地爲五行，木、火、土、金、水也。在人爲五臟、肝、心、脾、肺、腎也。人爲萬物之靈，得五行之全。表於頭面，象天之五氣。裏於臟腑，象地之五行。故人身爲一小天地也。

「是以：臟腑各配五行之陰陽而屬焉。凡一臟配一腑。腑皆屬陽，故爲甲、丙、戊、庚、壬。臟皆屬陰，故爲乙、丁、己、辛、癸。五行如不和，或太過、或不及，則病有風、熱、濕、燥、寒之症矣。

「五行、論水爲血；人身、論脈卽血也。心胞主血、故通手足厥陰經。心屬火；心胞主血。膀胱屬壬水；丁壬相合，故心能下交於腎，則丁壬化木，而神氣自足。得有既濟相生之功，則血脈流通而無疾病矣。

「故人之八字五行，貴乎尅處逢生，逆中得順爲美也。若左右相戰，上下相尅，喜逆逢順，喜順逢逆，卽血氣亂而爲病矣。

「是以：火旺水涸，火能焚木。水旺土蕩，水能沈金。土旺木折，土能晦火。金旺火虛，金能傷土。木旺金缺，木能滲水。此五行顛倒相尅之理！犯此者，必多災疾也」。

讀者如能反復熟誦上述任氏言論，對於病理，應能思過半矣。爲使易於瞭解五行在人身器官配合之狀態計，茲謹敬錄古歌如下：

十二經天干歌

「甲胆乙肝丙小腸，丁心戊胃己脾鄉。庚屬大腸辛屬肺，壬屬膀胱癸腎藏。三焦亦向壬中寄，胞絡同歸入癸方」。

十二經地支歌

「肺寅大卯胃辰宮，脾巳心午小未中。申胱酉腎心胞戌，亥焦子胆丑肝通」。

人身天干歌

「甲頭乙項丙肩求，丁心戊脅己腹柔。庚是臍輪辛屬股，壬脛癸足一身由」。

人身地支歌

「子屬膀胱水道耳，丑爲胞肚及脾鄉。寅胆髮脉並兩手，卯本十指內肝方。辰土爲皮肩胸類，巳面咽齒下尻肛。午火精神司眼目，未土胃脘膈脊樑。申金大腸經絡肺，酉中精血小腸藏。戌土命門腿踝足，亥水爲頭及腎囊。若依此法推人病，岐伯雷公也頌揚」。

又云：「午頭巳未兩肩均，左右二膊是辰申。卯酉雙脅寅戌腿，丑亥屬脚子爲陰」。

古籍另有一首人身地支歌，原文詞意凌亂欠通，恐係坊本刊印之誤。我把該歌校補了一些，錄誌如下：「子爲疝氣丑肚腹，寅宮肩肢卯手目。巳宮齒面辰足胸，未宮脾胸午心腹。申爲咳疾酉肺宮，亥頭及肝戌背屬。肝乃腎家之苗裔，腎爲肝宮之母力。腎通眼兮肝藏魂，腎藏精兮肺藏魄。心宮藏神爲中央，脾藏氣兮應當識」。

人身八卦歌

「乾首坤腹坎耳儔，震足巽股艮手留。兌口離目分八卦，凡看疾病此推求」。

十天干日不宜針刺歌

「甲不治頭乙耳喉，丙肩丁背與心求。戊己腹脾庚腰肺，辛膝壬當腎脛收。癸日不宜針手足，十干不犯則無憂」。

十二地支日、「人神」所在禁灸歌

「子不治頭君須認，丑日腰耳寅胸應。卯日鼻脾辰腰膝，巳手午心眞捷徑。未頭手足申頭臂，酉行膝背同其類。戌日在陰頭面間，亥日遊行頭頸位。十二支神禁灸歌，男除女破應該會」。謹按：此古歌除說明於十二地支之日，應避免人神所在之位置外，並指明：凡遇「除日」，則對男子禁針灸；遇「破日」，則對女子禁針灸。

每天十二時辰，「人神」所在禁灸歌

謹按：古籍所載此歌，共有兩首，內容稍有不同，不知何者爲正確？一併錄之，以俟賢者商榷：

第一首曰：「子踝丑腰寅在目，卯面辰頭巳手屬。午胸未腹申在心，酉背戌頭亥股續」。

另一首曰：「子踝丑頭寅耳邊，卯面辰項巳乳肩。午脅未腹申心主，酉膝戌腰亥股端」。

茲敬將「內經」中「天干合地之五運」，分述如下：

「甲化陽土、胃。己化陰土、脾。乙化陰金、肺。庚化陽金、大腸。丙化陽水、膀胱。辛化陰水、腎。丁化陰木、肝。壬化陽木、胆。戊化陽火、小腸。癸化陰火、心。相火屬陽者、三焦。相火屬陰者，包絡」。

「內經」中「地支合天之六氣」，分述如下：

「子午正對，主少陰君火，心與小腸。丑未正對，主太陰濕土，脾與胃。寅申正對，主少陽相火，三焦與包絡。卯酉正對，主陽明燥金，大腸與肺。辰戌正對，主太陽寒水，膀胱與腎。巳亥正對，主厥陰風木，肝與胆。」

此外，在每「花甲一週」六十年中，「內經」釐訂一種「六十年運氣上下相臨」之後果的原則如下：

癸巳、癸亥兩年，木生火。甲子、甲午、甲寅、甲申四年，火生土。乙丑、乙未兩年，土生金。辛卯、辛酉兩年，金生水。壬辰、壬戌兩年，水生木。此十二年，天氣生地運，以上生下，爲相得之歲，故名「順化」之年。主：人民少病，乃大利之年。

己巳、己亥兩年，木尅土。辛丑、辛未兩年，土尅水。戊辰、戊戌兩年，水尅火。

庚子、庚午、庚寅、庚申四年，火尅金。丁卯、丁酉兩年，金尅木。此十二年，天氣尅地運，以上尅下，爲不相得之歲，故名「天刑」之年。主：人民有病，乃不利之年。

癸丑、癸未兩年，火生土。壬子、壬午、壬寅、壬申四年，木生火。辛巳、辛亥兩年，水生木。庚辰、庚戌兩年，金生水。己卯，己酉兩年，土生金。此十二年，地運生天氣，以下生上，雖曰相生，然子居母上，爲「小逆」之歲。主：人民微病，乃利中有害之年。

乙巳、乙亥兩年，金尅木。丙子、丙午、丙寅、丙申四年，水尅火。丁丑，丁未兩年，木尅土。癸卯、癸酉兩年，火尅金。甲辰、甲戌兩年，土尅水。此十二年，地運尅天氣，以下尅上，爲「不和」之歲。主：人民病甚，乃大害之年。

丁巳、丁亥兩年，運氣皆木。戊子、戊午、戊寅、戊申四年，運氣皆火。己丑、己未兩年，運氣皆土。乙卯、乙酉兩年，運氣皆金。丙辰、丙戌兩年，運氣皆水。此十二年，天氣與地運相同，故名「天符」之年。於人民有利。但因天地氣運專一，不無偏勝亢害之弊，有時反與人民之健康有損也。

以上所述，乃「五運六氣」之理論。至於陰陽五行相生相尅之疾，亦可獲得左列之論斷：

相生而成疾者：

（一）木火相生：生旺者：則上盛壅隔，目赤、頭風。死絕者：則傷寒作狂，發爲悶亂之疾。

（二）火土相生：生旺者：則胃氣過實。死絕者：則口唇焦紅，腸腹之氣熱結，大便不利。

（三）金水相生：生旺者：則中氣有滯。死絕者：則滑精。

（四）水木相生：生旺者：則嘔吐，胃虛。死絕者：則精敗，傷寒，痁瘧。

（五）土金相生：生旺者：則多慮、無肌肉。死絕者：則腸鳴，蟲作。

相尅而成疾者：

（一）火金相尅：生旺者：則瘡瘍癰腫。死絕者：則癆瘵嘔血。

（二）木土相尅：生旺者：則疲悶昏眩，風癧，小腸疾，痛腫。死絕者：則吐食，癥塊，痃癖，積滯之疾，甚或中風。

（三）金木相尅：　生旺者：則肢足骨節不完，眼目之疾。死絕者：則氣虛精脫，癆瘵癱瘓之疾。

（四）土水相尅：　不論生旺死絕，均主：脾濕泄瀉，中滿，痰嗽不利之疾。

（五）水火相尅：　水火旣濟者，少疾。火水未濟者，多病。

甲乙見金、火之病：

（一）甲乙見庚辛申酉多者：　內主：肝胆驚悸，癆瘵，手足頑麻，筋骨疼痛。外主：頭目眩暈，口眼歪斜，左癱，右瘓，跌撲損傷。

（二）甲乙遇丙丁火多，無水相濟者：　男人則痰喘咯血，中風不語，皮膚乾燥，內熱口乾。

女人如此，主：血氣欠調；有孕者、墮胎。

小兒如此，主：急慢驚風，夜啼，咳嗽，面色青黯。

丙丁見水之病：

丙丁見壬癸亥子多者：　內主：心氣疼痛，顛癇，舌強，口痛，咽啞，急慢驚風，語言蹇澀。外主：潮熱發狂，眼暗失明，小腸疝氣，瘡痍膿血，小便淋濁。

女人如此，則主：乾血癆，血脈不調。

小兒如此，則主：痘疹，疥癬，面色紅赤。

戊己見木之病：

戊己見甲乙寅卯多者：　內主：脾胃不和，翻胃、膈食，氣噎，蠱脹，泄瀉，黃腫，擇揀飲食，嘔吐惡心。外主：右手沈重，濕毒流注，胸腹痞塞。

女人如此，則主：飲食不甘，吞酸，虛弱，呵欠困倦。

小兒如此，則主：五疳，五軟，內熱，好唾，面色痿黃。

庚辛見火之病：

庚辛見丙丁巳午多者：　內主：腸風痔漏，糞後下血，痰火咳嗽，氣喘，吐血，魍魎失魂，虛煩癆症。外主：皮膚枯燥，肺風鼻赤，疽腫發背，膿血無力。

女人如此，則主：痰嗽，血產。

小兒如此，則主：膿血之災，痢疾，面色黃白。

壬癸見土多之病：

壬癸見戊己辰戌丑未多者：內主：遺精，盜汗，夜夢鬼交，白濁虛損，寒戰咬牙，耳聾睛盲，傷寒感冒。外主：風蟲牙痛，偏墜腎氣，腰痛，膝痛，淋瀝，吐瀉，怕冷，惡寒。

女人如此，則主：白帶，鬼胎，經水不調。

小兒如此，則主：耳中生瘡，小腸疼痛，夜間作吵，面色黧黑。

茲再將干支配五臟之症候，及五行主病於上、下、左、右及中央部位之病情，作一說明，以為本文之結論：

肝木之症候：

甲乙寅卯木，受虧，其病屬肝。諸風暈掉，眼光日昏，血不調暢，早年髮落，筋青爪枯等症，是其徵也。

心火之症候：

丙丁巳午火，受虧，其病屬心。諸痛，膿血瘡疥，舌苔，瘖啞等症，是其徵也。

脾土之症候：

戊己辰戌丑未土，受虧，其病屬脾。浮腫，脚氣，黃腫，口臭，翻胃，脾寒，膈熱等症，是其徵也。

肺金之症候：

庚辛申酉金，受虧，其病屬肺。鼻塞，酒齇，語蹇，氣結，咳嗽，呼喊呻吟等症，是其徵也。

腎水之症候：

壬癸亥子水，受虧，其病屬腎。白濁，白帶，霍亂，瀉痢，疝氣，小腸不暢等症，是其徵也。

干支主人身上下左右中之疾病所在：

丙丁巳午，火局，南方離卦，主：病在上。

壬癸亥子，水局，北方坎卦，主：病在下。

甲乙寅卯，木局，東方震卦，主：病在左。

庚辛申酉，金局，西方兌卦，主：病在右。

戊己辰戌丑未，土局，四隅及中央坤艮二卦，主：病在脾胃及中脘。

按：右述疾病所在，而無乾、巽二卦者，因爲「天不足西北」，西北屬「乾」宮。「地不滿東南」，東南居「巽」位。故不言乾、巽二卦也。

七　「月令豐歉預言歌」新解

序言

中國民間習用的「通書」，其中都載有十二首「月令豐歉預言歌」。閱讀這篇預言歌，覺其分析氣候之科學，與夫測斷問題之扼要，誠使後學之士的我，崇仰無任！戰國策趙威后云：「苟無歲，何有民？苟無民，何有君」？斯言乃千古顛撲不破的名論。這十二首歌所預言之目標，就是以「年成豐歉」問題為主，而以「人民疾病」問題為輔。凡屬眞正愛國愛民之士，似乎應該以這篇歌做個「施政參考」。

余讀預言歌，想見先賢之宅心。孰謂「中國無科學」哉？如此細膩分析每月氣候、以為農業及人民衛生之借鏡的預言歌，樸實說理，簡潔了當，深入淺出，容易體會，不知西方國家「占星學」和物理學書籍中，有無類似之作品？如果西方科學家、能夠虛心學習中國這一類的「天人合一」之學的話，我敢相信，對於人類福祉的貢獻，是會很大的！

惟是這十二首預言歌，不知係出自何代先賢的精心結構之作？沿傳已久，漸失其眞，亥豕魯魚，疑似莫辨。遂至詞欠雅馴，令人費解。此誠國故凋零之一徵，殊憾事也！余頃已撰文是正「廣州羅氏通書」之誤，希望拋磚引玉，激發愛護國粹者之共鳴。茲乃忘其譾陋，而將「月令豐歉預言歌」，逐字逐句校正，並加科學新解，以俟賢者之商榷，或有微助於「農業」與「醫學」云。

正月：月令歌

歌曰：「歲朝宜黑四邊天，大雪紛紛是旱年。最好立春晴一日，農夫不用力耕田」。

新解：

「歲朝」，不是說正月初一日那一整天，而是專指正月初一日的「拂曉」而言。在中華民族始祖黃帝時代以前的三百多年，也就是距離現在大約五千年之前，中國先聖先賢們，已經寫出一本天文學著作，書名叫做「太始天元冊」。從那時起，歷代當道者，對於預測每個「年成」的好或壞，都是根據天文氣象學、和人文物理學，結合爲「天人合一」之學，確定一個原理，這就是史記所載：「凡候歲美惡，謹候歲始」的測候方法。

所謂之「歲始」，在西漢以前規定的制度，是有四個，總的名稱叫做「四始」。第一始於「冬至節日」，是物產之氣「開始萌芽之始」。第二始於「臘月臘日」，現在人們稱爲「大除夕」，（註）各家團圓過年，大吃大喝，盡情暢快，「以發陽氣之始」。第三始於「農曆元旦」，是「夏正建寅」的「一年之始」。第四始於「立春節日」，是全年四時八節「舊終新始之始」。

在這「四始」的測候學問上，以「元旦」及「立春」爲最重要。據古籍所載的說法：「農曆元旦、從拂曉至日落，要全天有雲、有風、有雨、有太陽光」，如此始爲全年風調雨順之吉兆。因此，在元旦的拂曉之際，就是「預言歌」所謂的「歲朝」——新「歲」年初一的早晨之「朝」，應該是滿天黑雲的「曇天」的天氣；以後於初一日的整天之中，雖然是陰晴不定都無礙。只要不是整天落大雨，或整天出大太陽，那就可以斷言：這年「預兆豐收」。這是「歲朝宜黑四邊天」的道理。

所謂「大雪紛紛是旱年」的意思是說：在「歲朝」的正月初一日之內，北半球的地方不可以落大雪，而亞熱帶的地方不可以下大雨。如見大量的雨雪，便是預兆「年成乾」！這道理，很易瞭解的。因爲，「歲朝」是在除夕「發陽氣」之後，「陽氣」初發，最怕雨雪的「陰氣侵蝕」。陽氣初發未壯，驟被大量雨雪的陰寒之氣所包圍，陽氣當然和陰氣相激盪。陽燥而陰濕；燥氣居內不能洩，濕氣居外不能通，這就是亢燥而夾濕熱的現象。人體遇着亢燥而夾濕熱的症候，是叫做「濕溫傷寒」；其病症亢熱不降。天時遇着陽燥而夾陰濕的氣候，是叫做「陽鬱不宣」；其年成亢旱爲災了。

此外，遵古法則：在農曆元旦那一天，還可以觀察風向而預占年成之好壞的。元旦、風從南方來，主：大旱。西南風，主：小旱。西風，主：戰爭。西北風，大豆長得好，但起西北風而夾雜着小雨的話，則這個國家就會很快發生刀兵戎馬之災。北風，是中等的年成。東北風，是上等的年成。東風，主：大水。東南風，主：人民有疾病瘟疫，而且年成很壞。如果元旦那天是「無定向風」，那就得觀察來自那一方向的風力最多、最快和最久。然後卽以風力之最多，最快，最久者爲主要的風向，去預測年成如何？例如：起南風，本來是主大旱的了，但後來被强力的北風對衝一吹，而且刮北風的時刻更久，那就不妨斷定：仍是可以得到中等的好年成，縱遇些微大旱也不怕的。

綜上所述，根據古籍去加以研究分析，我就相信，在地球的北回歸綫迤北地帶之氣候，對於「歲朝宜黑四邊天，大雪紛紛是旱年」的預言歌，確乎大有道理！

古籍另有一項預言說：「在正月初一日剛剛出太陽的時候，要採聽大城市和國家首都所在地的人民說話之聲音。如果多數人的聲帶是『宮音』，就預兆年成好，年內諸事多吉。人們的聲帶是『商音』，主：兵災。聲帶是『徵音』，主：旱災。聲帶是『羽音』，主：水災。聲帶是『角音』，主：年成很壞」云云。究竟古人這個理論，靈也？不靈？由於我沒有參考書，又對於音韻樂譜之學是門外漢，我不敢說，謹附錄之，以供對於音樂有心得的讀者諸位去研究。不過，以我的淺薄常識而言，我以爲：「宮音」大概是指「唇音和鼻音」。「商音」大概是指「喉音」。「徵音」大概是指「齒音」。「羽音」大概是指「牙音」。「角音」大概是指「舌音」。不避「畫蛇添足」之譏，以博讀者一粲！先聖孔子云：「樂，由陽來者也；禮，由陰作者也。陰陽和，而萬物得」。又云：「凡音之起，由人心生也！人心之動，物使之然也。感於物、而動，故形於聲。聲相應，故生變。變成方，謂之音」。又云：「夫民有血氣心知之性，而無喜怒哀樂之常。應感起物而動，然後心術形焉」。把孔夫子這些話揣摩一下，使我相信：在大年初一的日出時，去採聽都邑人民之聲，應該是可以預先測出許多問題來。

現在來談談「最好立春晴一日，農夫不用力耕田」的問題。立春，是正月的「節」。立春爲何要晴一天呢？因爲，春天三個月，在科學命理上，是「木氣當旺」的時令，「木旺，自能生火」，這是自然界的物理學。命理是以「木、火之氣爲陽；金、水之氣爲陰。風、日爲陽；雨、雪爲陰」的。立春，是「春光九十」的開始之日，是「陽氣日旺」的時候。史記天官書云：「蒼帝行德，天門爲之開」。蒼帝，是春天的代名詞。立春之日，大地昭蘇，春風拂柳。既是天時正常的氣候，又是三陽開泰的象徵。立春之日放晴，古人就叫祂做「天門爲之開」的。如在立春日而有雨，那就是「蒼帝不能行德，天門爲之閉」了。基於天道循環，新陳代謝的自然科學，立春節日，是全年四時八節「舊終新始之始」，舊的陰氣已去，新的陽氣纔來。順乎自然界的發展規律，「立春晴一日」，正是陽氣新生的好現象。「萬象回春」，土壤即能生機活潑。土壤能獲「立春晴一日」之益，農民耕田就不太費勁了。

另據古籍說：「在整個正月之內，要看月球每天所經過的二十八宿之位置如何。再加上陽光、風向、雲彩等現象，以預測這個國家於此一年之中的年成好壞。但有一項先決條件，必須考察『太歲』所在！太歲在金的年份，主年成好。在水的年份，主大水。在木的年份，主飢荒。在火的年份，主大旱」。但這僅是大概如此，先賢諄諄誥誡後人：決不可以用死心眼兒去看問題，「不可執一」！而是要綜合各種天象、氣候、風向、雲色、雨量、和太陽、月球、星宿等等不同情況去判斷問題，方纔可以於整個正月份之內，對於未來年成之好或壞，得出一個結論的。

古籍又强調的說：正月上旬的「上甲」之日，風從東方來，人民可以養蠶，能獲其利。倘若「上甲」之日風從西方來，而且當天一早就刮西風，天空又有黃色的雲彩，那就是預兆年成不好，而不宜於養蠶的。按：「上甲」，是指每年正月初十之內所逢到的第一個「甲木日干」，就叫做「上甲」。例如：一九六五年，乙巳太歲，「正月初八日甲午」，就以正月初八爲「上甲」之日。

基於上述古籍所稱：「察太歲所在：在金、穰；水、毀；木、飢；火、旱」的理論，我個人的體會，以爲是有一些道理的。例如：一九六三年，癸卯太歲，是「戊癸之年，火運統之」的「火年」。查「火的年份、主大旱」；去年香港四百萬人民所嘗「制水」之苦況，是令人記憶猶新！足見「察太歲所在」的古人理論是與事實相符的。現在，我們試以這個方法去預測一九六五年乙巳太歲看看：夷考「乙庚之年、金運統之」的原則，於一九六五年之中，應該是：「金的年份，主：年成好」。這是值得向北半球的農民們去報告的喜訊！不過，「乙巳年」爲「金不足」，又是「運尅天氣，以下尅上，故名不和，亦爲不相得」，年成雖好而有限，且主「人民多病」。但願人們「孝悌力田」，存心忠厚，則上帝必能祝福，「作善降之百祥」也。

二月：月令歌

歌曰：「驚蟄聞雷米似泥，春分有雨病人稀。月中若得逢三卯，到處棉花荳麥宜」。

新解：

驚蟄，是二月的「節」。月令篇云：「仲春之月，律中夾鍾」。周語云：「夾鍾者，出四隙之細者也」。雷、是「火性」，屬於陽氣。易卦：「震、爲雷、爲蒼筤竹，爲萑葦」。可見雷之爲物，實具二月節令「木旺、火相」的象徵。所以，在驚蟄日行雷，是順乎大自然的「應節」好現象。而雷的電氣威力，在物理相感之定律下，可以引出土地四隙的細微之氣，使不滯伏於地層中。地氣一旦鬆動，土壤即孕生機而自肥，土肥則米穀產量必豐；產量豐，米價自然便宜了。

春分，是二月的「中氣」。何以見得「春分有雨病人稀」呢？蓋緣：春天是木旺，春分正是木氣旺上加旺的時候。陰陽五行之學：「木旺，即尅土」。命學和中醫醫理，都是以「木爲肝，土爲脾」的。清代儒醫江涵暾氏云：「脾屬土，中央黃色，後天之本也；人生，存活之原，獨脾土之功爲最大」。於此可見，「木旺尅土」，是人生健康的威脅。不獨此也，以中國「天人合一」之學而言，整個人類，都是屬於五行之中的

「土」。清代科學命理大師任鐵樵氏云：「凡物莫不得五行，戴天履地。即：羽、毛、鱗、介，亦各得五行之專氣而生。如：羽、蟲屬火；毛屬木；鱗屬金；介屬水；惟人屬土。土居中央，乃木火金水中氣所成，人獨得五行之全」。由於「木旺剋土」之故，所以人類在春天一不小心就會生病，就是這個道理。月令篇云：「仲春之月，其日甲乙，祭先脾」。所謂「祭」者，即保養之意也。他是教人，二月要保養脾胃的。

綜合上述三項先賢理論，我們可以知道，「木旺剋土」是個很壞的事！命學和醫學，固然是有「助脾土以反剋肝木」的辦法，但又有「調和肝木脾土，使之不爭」的訣竅。這就是：「使木生火，火轉生土」的輾轉相生之處方。良以：「木旺極，自然生火，火逢生，土即獲益」也。命理之「殺印相生」、或「官印相生」的術語，就是「五行輾轉相生」的表示代名詞。蓋「木爲陽中之陰」，如非「旺極」，很難「生火」的。試看：普通的樹，雖鑽之猶難出火；而老樹到了旺極之時，則每每自焚。命學有「三部曲」，它是具有數學的基礎，化學的質量互變，物理學的發展規律。這十二首月令歌，都是命學研究的結晶品。它深深地懂得木的物理發展規律，知道要用「相反相成」的物理原則，用水以生木，使木旺極以成林，充份發揚木的陽性；陽旺，木自生火；火生，土氣自足矣。以「肝爲木，火爲心，土爲脾」的理論說來，「心、肝、脾俱健」的人，自然少病了。

夷考春分之日，正是「卯月」的一半。卯爲「陽明燥金」相對之「氣」；卯又是人類的「大腸」。醫書云：「大腸者，腎陰之竅，受事於脾胃，而與肺金相表裏。腸液少，而鼻爲之乾」。以「天人合一」言：春分無雨，人類大腸必燥。大腸爲庚金，金不見水，必然剋木。木爲肝，肝受金剋必傷。肝木傷則不能生心火；心火熄，則脾土必絕；脾土絕，則肺金不能自存。大腸與肺既「相表裏」，則大腸亦敗矣。如於春分「卯旺提綱」之時而喜雨，則肺腸金氣俱潤而生腎水；腎陰足，自生肝木；於是肝木再生心火，心火轉生脾土，脾土復生肺腸之金；如此循環相生而無剋，端賴「春分有雨」之惠。故於春分有雨，乃「天人合一，五臟調和」之吉兆。五臟調和，三焦之氣自暢；三焦通暢，竟體康强矣。故曰：「春分有雨病人稀」也。

所謂「月中若得逢三卯，到處棉花荳麥宜」者，是大有「物理學」研究之價值的！

二月，別名「卯月」；這是因為、北斗的斗杓，於二月「建」立「卯」垣「天蠍宮」，所以根據「二月建卯」的天象，而名二月為「卯月」。漢儒鄭康成氏云：「二月為仲春者，日月會於降婁，而斗建卯之辰也」。近閱上海科技出版社印行的任應秋教授大著「五運六氣」一書，任先生似尚不明「十二月建」的科學根據，於是，他於解釋「月建」的涵意時，別出心裁的說：「建，猶健也；亦即易所謂：天行健之意也」云云。如此「强不知，以為知」，似乎是不應該出諸任先生之口，因為任先生這本「五運六氣」大著，是作為上海醫科大學的教材之後，經過整理，始予公開發表的作品。對於中國國學的習見專門名詞而以意為之，我是「心所謂危，不敢不告」的！

查太陰曆曆法，月大為三十日，月小為二十九日。每十二日纔有一次「卯木」的日支，因之於一個二月之中而「逢三個卯日」，實在是非常難得之事。陰陽五行之學，以「寅卯辰」為「木方」，以「亥卯未」為「木局」。在地支五行說來，只有「卯宮」纔是單純而又極旺的「木氣」。白虎通云：「少陽見於寅，盛於卯，衰於辰」。羣書考異云：「卯者，冒也，萬物冒地而出也」。西漢司馬遷於史記律書中，援引古籍曰：「書曰：明庶風居東方。明庶者，明衆物盡出也；二月也。其於十二子爲卯；卯之爲言，茂也；言萬物茂也」。命學：以「卯爲帝旺」之鄉。又名：「卯、爲剛卯」。於此可見，二月是「木氣專旺」之月了。「二月建卯」之時，再加一連碰到「三個卯日」，月日都是卯木，木氣當然旺上加旺。棉花荳麥，都屬「五行之木」，於二月而逢三卯，木有剛勁之氣，自必茁壯逾恆，這自係「宜」的好現象了。另有坊本通書，將「到處棉花荳麥宜」一句，印爲「荳麥田蠶處處宜」者，乃誤也！因爲，在醫學上講：「蠶、屬午火」；在命學上講：「蠶、蟲類，羽、蟲均屬火」。故「田蠶」與「三卯」不發生任何關係，應予訂正！

三月：月令歌

歌曰：「風雨相逢初一頭，沿村瘟疫萬民憂！清明風若從南起，定卜田禾大有收」。

新解：

命書曰：「三月建辰，辰爲水庫之地」。蓋：三月暮春之候，木土兩旺，水宜藏蓄，以潤土而養木。故不應該在三月開始的初一，便見風雨；如於三月初一有風雨，勿論大小，均爲大自然之反常。氣候反常，人民自然有災！良以「季春之月，生氣方盛，陽氣發泄」之時，一開始就有風雨、正是「陰氣」阻止「陽氣發泄」。以「衰陰而遏旺陽」，乃「火水未濟」之象，天災流行難免矣！

命學：以「辰、爲天羅、戌、爲地網，辰戌均爲魁罡」。又以「一、爲奇數。三、爲多數」。神峯通考云：「辰戌名爲羅網，太乙貴人不臨，如人命有此，主：尅陷淹延之疾，牢獄之災」。謹按：三月爲「辰」月，九月爲「戌」月。此十二首預言歌，對於「辰、戌」兩月的初一，均强調：不能有「風雨」及「飛霜」。蓋緣此兩月本身各具「罡氣」，再遇「數奇之日」而有風雨或飛霜之陰氣以激之，必使「戾氣流行」、而致「沿村瘟疫」矣。因三月逢「數之多」，九月逢「數之窮」，皆與「天道惡盈」之理相悖！故萬民遭劫以應之。惟「天人合一」，人心卽是天心。倘於「三月初一風雨」，或「九月初一飛霜」的話，只須萬民各憑「天良」做事，放棄人與人，國與國之間的勾心鬥角之爭，一念之誠，可以格天。而以「數不能越理」之律看來，未使不可「化戾氣爲祥和」也！

陰陽五行的「生成之數」，是「水一、火二、木三、金四、土五、水六、火七、木八、金九、土十」。換言之，於太空的「水氣」，是以「一」的「數」做代表；於地球的「水氣」，是以「六」的「數」做代表。這是五千年前中國上古的偉大科學家所應用的「物理數學」。如果說：於天皇氏發明了「天干」學說之時，即已開始懂得運用「五行生成之數」的話，則此「五行生成之數的物理學」，那就可以肯定：在三百二十七萬年之前，中國人已經懂得最基本的「物理科學」了！因爲，據中國正史——史記的「三皇本紀」云：「開闢之初，天地初立，有天皇氏……自開闢至於獲麟，凡三百二十七萬六千歲」云云。「獲麟」，是孔子「作春秋」之年，孔子誕生至今年，是二千五百一十五年。孔子歿於獲麟之後兩年。把這段歷史加上去，可知從天皇氏到現在的甲辰太歲爲止，中國實在已經享有三百二十七萬八千五百一十三年之久的「物理科學文化」。這是任何一個民族所沒有的盛事！這纔是任何一個中國同胞所值得驕傲的地方！因爲，五行的「生成之數」，是從「十天干」而來。「天干」的「陽干爲正」，是「天一、天

三、天五、天七、天九」。「天干」的「陰干爲負」，是「地二、地四、地六、地八、地十」。此種「天數五，地數五」的「天干五行生成之數」的數學，凡是普通讀過中國歷史的人們，或是看過「易經」的人們，尤其是從戰國珞琭子、鬼谷子兩位先賢以來，歷時二千四百多年的中國「算命學」者，可以說：個個人都知道「十天干」是一種「物理化學」。試舉一個家喻戶曉的例子來說：「雪花飛六出，預兆豐年」的古諺，就是天干之「陰干負數」的「水六」之最通俗的預言。蓋「雪花」是地氣上升的「水六之數」，「六出」就表示水份正常。地球的水份正常，年成當然好了。

我爲什麼要說這些似乎是題外的話呢？無非想把中國「五行生成之數」的太古時期「物理化學」，向大家强調一番，使令大家引起特別注意和興趣，我的本意，决不是「自炫」。同時，如果我不把「五行生成之數」向大家反復宣揚和說明，則大家稍一忽畧地讀過，那就一定不容易體會到「風雨相逢初一頭」的「大道理」所在！

謹按：「一」數，既是「天一生水」之數，所以就在陰曆每月「初一」那一天，不可以落大雨或下大雪。因爲，初一逢「一」數，太空之中已有「天一生水」的無形氣流。倘再落大雨或下大雪，那就變爲「地六成之」的水份過量。蓋：雨、雪，都是地氣所「成」的水，而不是天氣所「生」的水。天地都是水氣，水大可知矣。以五行之理言：「水太旺者，能尅土也」。人類秉五行之土氣而生，「水旺則土流」。人類的「天賦」一旦受尅，當然有災疾了。故此十二首預言歌，於三月初一，和九月初一，及十一月初一，十二月初一，均稱：不宜見風雨霜雪；乃據中國「太古時代物理學原理」而作預言者也。

所謂：「清明風若從南起，定卜田禾大有收」者，意思是說：清明，是三月的「節」，三月是居於「第二步氣」的「少陰君火之位」。南方來的風，叫做「火風」，正是「少陰君火」的風，乃「風調雨順」的應節之和風。凡是風向合乎當時時令的節序，就是氣候最正常的好現象。命學以「辰、戌、丑、未」的月份爲「土月」；三月建辰，正是土月。火能生土，火風一來，土壤逢生，獲益極大。土壤受南風之益卽肥，「田禾大有收」矣。

四月：月令歌

歌曰：「立夏東風少病疴，時逢初八果生多。雷鳴甲子庚辰日，定主蝗蟲損稻禾」。

新解：

立夏，是四月的「節」。四月於「五運六氣」而言，仍爲「少陰君火」之氣。在命學和醫學上，「少陰君火」，都是代表人類的「心臟」。「東風」，是「木氣之風」；木能生火。「君火得木風之生而安」；「天人合一」，人類的心臟自會强健而增加了智慧。「六氣」以「少陰君火」爲主；「人類」以「心臟」爲主。君火既安，心臟自寧。故於立夏有東風，不但是「六氣順佈得所」，天時正常；而人類也能心廣體胖，沒有「病疴」了。今後每年立夏是否起東風？實在值得中醫們的注意研究啊！

所謂「時逢初八果生多」者，是說：四月初八日，如果和「立夏」那天一樣起「東風」的話，那就可以有大量果類的收成。如何見得「四月初八起東風」就可以生出多量的果類呢？這又是「五行生成之數」的「物理數學」問題了。如前所述：「八」數，是代表地上的「木氣」。「四」數，是代表地上的「金氣」。命學：「東方甲乙木」，故「東風」卽是「木氣之風」。五運六氣之學：四月是「少陽相火」和「少陰君火」交替之間的「天氣」。醫學：「五味：酸性、屬木」。果類多半都是具有酸性，故果類大多數在五行之學上「屬木」。四月初八日那天，「四」金是「客氣」；「八」木是「主氣」。金木相尅，爲「主客不和」。時值「火氣」司令，「木能生火」。故於四月初八日那一天，有「木氣尅洩兩見而傷」之虞。一見「木風」之來，「木氣」得助，果類獲益。果之本氣獲益，結實必繁。蓋：木強，始有「金木相成」之妙；木旺，始能「任洩無傷」；此乃內經「六微旨大論」（按：六、是六氣；微，是微妙；旨，是旨趣。六微旨大論，是分析六氣精微妙義之旨趣所在的偉大議論。）之微旨，亦係「五行衰旺顚倒」之眞機也。

所謂「雷鳴甲子庚辰日，定主蝗蟲損稻禾」者，又是「五行物理學」的物理發展規律，故用「定主」字眼，以示其「必然」，而非「或然」或「偶然」也。夷考命學：「甲子日」、納音五行屬「金」；「庚辰日」，納音五行又屬「金」；而「雷」則於五行屬「火」；火金是相剋的。蝗蟲，產卵於秋，秋是「金氣」；孵化於春，春是「木氣」。故蝗蟲的天賦是「金木」二氣所生。但蟲類之「本性屬火」，故蝗蟲「金木其外」，而「火性其內」。孔子曰：「大凡生於天地之間者，皆曰：命」。蝗蟲，亦有命焉。蝗之「胎元」爲「金」；「息元」爲「木」；「變元」爲「水」；「通元」爲「土」；而其「性命之元」則爲「火」。如所週知：蝗蟲之外表體態，「黃、棕、白、黑」四色俱全，實具「金、木、水、土」四行之天賦質素。惟有先天之「火性」，深藏於體內而未露。迨至「紅色」之「雷火」一見，而此雷火又發於「天地啓蒙」之「甲子金」日，及「天羅、魁罡」煞氣最強之「庚辰金」日，蝗蟲於是驟受「火金相剋」氣流之刺激，引出體內「火性」；至此，蝗蟲之「五行俱全」，「五遁斯作」；因之，「應運而興」，出土爲害。故於每年陰曆四月，如遇月內有甲子、庚辰日，切忌雷聲，以免天雷與地雷相感，而促成蝗蟲起蟄，爲害稻禾也。基於此兩句預言之啓發，我要敬向北半球的人民，提請注意：在一九六五年乙巳太歲陰曆四月初十日，恰逢甲子日；四月二十六日，恰逢庚辰日。倘若不幸在上述兩個日子之中，而聽到「雷鳴」的話，那就要預防「蝗蟲之災」纔好呢！

五月：月令歌

歌曰：「端陽有雨是豐年，芒種聞雷美亦然。夏至風從西北起，瓜蔬園內受熬煎」。

新解：

端陽，就是五月初五的端午節，簡稱「午節」。因爲五月已經是「第三步氣」的「少陽相火」主事的時候；命學：「地支以「子、寅、辰、午、申、戌」爲陽」，故端午節的雅號叫做「端陽」。蓋：「端」者，正也；「陽」者，火也。午節值於仲夏之候，夏天屬火，夏令除了「土王用事」十八天之外，眞正「火氣主事」，只有七十二天。從四月初一到六月三十或二十九日之間，如除最後十八天計數，則五月初五日、剛好差不多是在七十二天「夏火之氣」的正當中，此端陽之合理詮釋也。古人在習慣上又稱端陽爲「重午」；意謂端陽爲「午月午日」。除非「重午」二字，另有所本，否則，余意不應濫封五月初五日以「重午」雅號！因五月初五日，並不能一定地支逢「午日」

也。此係一種「節令正名」之閑話，表過不提。

如前所述：端陽是夏令正當中的「火氣」，其「火旺」可知。科學命理是：「物忌太盛」；此雖人生哲學，天道更是如此。故於火旺之時，必須有水以制之，始奏「水火既濟」之功。命學有個原則：「水尅火，則生土」。又云：「水能潤土，火能生土」。年成之好壞，繫於土壤之肥瘠，乃必然之理。端陽火氣過旺，「火太旺，則土焦」；命理之定論。如於火旺之際得雨，則爲「地潤天和」、「甲乙木」均受其惠。故端陽日，必須有雨，始能使「土受生，不焦、而潤、而肥」，各種植物，如非甲木，即係乙木，土肥之後，產量自豐。

芒種，是五月的「節」。芒種接近端陽，同屬火旺，同樣喜「水火既濟」。「聞雷」是表示「有雨」的意思。芒種節日落雨，必卜豐年，可媲美於端陽日之雨也。

夏至，是五月的「中氣」。夏至這一天，正是「第三步氣少陽相火」主事六十天的恰恰一半之期。雖說「夏至一陰生」，但亦僅係「六陰初動處，萬物未死時」。故於夏至日，不宜遽見「肅殺之氣」的西北風。因爲，西風，即「金風」；北風，即「水風」。西北角吹來的風，乃「金水合流之風」。在五運六氣之學上面講：「運、氣」二物，必須按着新陳代謝的物理規律，順着時令秩序的正常氣候去進行，方纔是合理現象；反此，即爲運氣悖逆，萬物多災。以合理的常規「六氣順佈」之狀態而言：在「夏至一陰生」之日，「陰性主靜」，最好不要起風；如果必不得已而要刮風，那也只能起南風，或西南風，或東風，或東南風；但可千萬刮不得西北風！良以：西風屬於「第五步陽明燥金之氣」；北風屬於「第六步太陽寒水之氣」。從「第三步氣」一下子跳到「第五步氣」，或硬是衝來了「第六步氣」，這都是「氣候大混亂」的壞現象！氣候一混亂，萬物都有損。由於園內菜蔬和瓜果，是人類所種植，賴「木火之陽氣」而成長。故瓜蔬之自然抵抗力，不如野生植物生命之强。園內秉木火陽氣而生的瓜蔬，驟遇西北風「金水之陰氣」襲擊，當然會「受熬煎」的活罪了。故請農民各位注意：如於夏至起西北風，必須預作篷帳，設法將園內瓜蔬遮蓋之，使不受陰氣之害，庶幾可稍減瓜蔬收成之損失也！

六月：月令歌

歌曰：「三伏之中無酷熱，田中五穀多不結。此時若不見災厄，定主三冬多雨雪」。

新解：

三伏的「伏日」，一共是三十天；「伏日」的歷史，在中國很短，是公元前六百七十六年春秋時代秦德公所創制的。最初並不爲當時其他各國所沿用，大概到了秦始皇帝於公元前二百二十一年統一天下之後，方纔施行於全國。「漢因秦制」，所以迄今都有「三伏」的時令名詞。不過，「三伏」的時令，與夫「伏日」之設，却與天皇氏所創制的「天干物理學」，以及黃帝大臣容成氏所制訂的「曆法」，不但是不相違悖，而且是有補充發明，切合民生日用之功的。史記正義云：「伏者，隱避盛暑也」。蓋緣：金畏火尅，故隱伏焉。每年於夏至後逢到第三個「庚金日干」，就是「初伏」的開始；以後隔十天又逢第四個「庚日」，是「二伏」的開始；以後隔十天再逢第五個「庚日」，是「三伏」，換言之，又叫做「末伏」的開始；這就是「三伏」的次序。以後隔十天再逢第六個「庚日」，叫做「出伏之日」；而「出伏」日，必在立秋節之後幾天，所以俗諺云：「秋後有一伏」也。但今年的「廣州羅氏通書」很奇怪，它居然在「乙巳年大字通書」之中，於陰曆七月十八日庚子的「第六個庚日」之下，大書「末伏」二字，對於七月初八庚寅的「第五個庚日」之下，則竟爲空白。依照「六氣」運行的狀態說：三伏的天氣，是始於「少陽相火」，而迄於「太陰濕土」之氣的。「相火」是一年最大的熱氣」；「濕土」是一年最高的「蒸氣」。凡屬正常的氣候，每年於三伏之中，就應該「酷熱」逾恆纔對。因爲，田中五穀此時正在「灌漿」；「灌漿」如沒有高度熱氣去蒸發牠，則五穀的「結實」就很緩慢而且困難。倘若於三伏之中早晚清涼，五穀「灌漿」便得不到蒸發之生機，必將枯萎而不能「結實」。故以物理發展之規律言：三伏必須有酷熱的天氣，五穀始佳。

何以見得「三伏無酷熱，三冬多雨雪」呢？這又是「五運六氣」之理使然。因爲，三伏是在「第三步氣少陽相火」和「第四步氣太陰濕土」的天氣之中。正常的氣候，是應該酷熱的。倘若於此際氣候忽然涼爽或寒冷，那便是「夏行秋令」或「夏行冬令」，必主人類有災！縱即人類抵抗得住，不生災疾，則以「涼爽」是「第五步氣陽明燥金」；「寒冷」是「第六步氣太陰寒水」的氣流提早降臨的情況測之，那就必定是：宇宙之中，陰寒之氣，特別旺盛。太空裏面陰寒之氣既然特別旺，則到三冬「第六步氣寒水」主事的時候，當然會要加倍落雨和下雪的了。

七月：月令歌

歌曰：「立秋無雨最堪憂，植物從來只半收。處暑若逢天下雨，縱然結實也難留」。

新解：

立秋，是七月的「節」。在北緯五十一度附近，剛好於立秋那天是「秋天」的開始。秋天在命學而言：是「金氣當權」。「金能生水」，是「五行生成」的「順生之機」；故於立秋當天，應該落雨以應節，不論雨的大小，都行。否則，便爲反常之象！因爲，金爲「西方剛暴肅殺之氣」，如不「見水以流通」，則金必剋木。植物都是木類，在「西風暴」的金氣橫掃之下，收成自然大打折扣的。故曰：「立秋無雨最堪憂」

也。

處暑，是七月的「中氣」。處暑那天，「暑」熱之氣，已經得到了「處」置，早晚漸涼。此乃庚金當權，「第四步氣太陰濕土」主事之時。秋高氣爽，煞是宜人，地潤天和，秋收瞬屆。此日如再落雨，則爲濕氣太過，燥氣毫無。植物垂老之時，吸收水份無力。不燥而濕，則植物之根易爛，根如霉爛，縱然「結實也難留」。故處暑日與立秋日，雖僅隔半月之久，而氣候大爲不同！最忌濕氣過頭，不宜有雨。又：處暑之日，太陽過於「巳宮」，太陰位於「申垣」。巳申相合，陰陽慶會，不冷不熱，萬物皆宜。如遇下雨，豈非陰盛陽衰？以「天人合一」之理言：天時陰盛陽衰，則「氣凝」而不能流通；人類陰盛陽衰，則「陽痿」而不能生育；植物陰盛陽衰，則「苗萎」而不能結實矣。

八月：月令歌

歌曰：「秋分天氣白雲多，到處歡聲好晚禾。最怕此時雷電閃，冬來米貴道如何」？

新解：

秋分，是八月的「中氣」。月令篇云：「是月也，日夜分，雷始收聲，殺氣浸盛，陽氣日衰，水始涸」。按：「殺氣」就是「金氣」；「陽氣」就是「火氣」。金的色素是白的。秋分日，天空有大量白雲，乃金氣旺足的「殺氣浸盛」之象。故於秋分而有滿天白雲，表示氣候正常，正是「秋收」圓滿的好預兆，所以就有「到處歡聲好晚禾」的情景。「雷電」，乃屬「陽氣」，於秋分日，等於「舊官卸任」，不再管事，纔合道理；倘於此際仍有電光、雷響，那就等於「舊官抗不交代」，爲禍不小的！良以，新陳代謝，物理發展之正常現象。若在秋分日依舊行雷，則爲「火金相爭」，「秋行夏令」，氣候大爲反常。命學有一項原則：「衰火尅旺金，激金之暴，金必傷木；因木爲火母，金去報復也」。五穀都是木，在「火尅金，金尅木」之循環相尅狀態下，田禾受損無疑，收成必然不好，米價自將昂貴。故曰「最怕此時雷電閃，冬來米貴道如何」也。

九月：月令歌

歌曰：「初一飛霜害衆生，重陽無雨一冬晴。月中火色人多病，更遇雷鳴米價驚」。

新解：

九月有兩個節氣。寒露，是九月的「節」；霜降，是九月的「中氣」。在九月上半月之中，是「玉堦生白露」，氣候爽而漸涼；下半月則是「已涼天氣未寒時」，令人有「履霜堅冰至」之感。在實際上，於霜降節氣之後數日，纔應該逐漸有薄霜，始爲最正常之氣候。查：九月初一，如遇前幾個月有「閏月」，它和霜降節至少還有幾日的距離。如於後幾個月有「閏月」，則九月初一日就可能距離霜降節達二十八九天之遠。不論「閏月」先後如何，在九月初一那天，氣候都只是涼而不冷；所以沒有理由在九月初一便見飛霜！如在初一飛霜，那便是「秋行冬令」，氣候失常。「害衆生」的意思，不妨引用月令篇爲解：「季秋行冬令，則國多盜賊，邊境不寧，土地分裂」。這些壞事，「衆生」當然吃不消。

重陽，是九月初九，別名重九。中國數理：以「九」爲最高亢的「陽數」；兩個亢陽碰頭，故曰重陽。西方人也是以「九」爲最高單位，到「十數」便是「一加零」。由此可見，中西文化頗有相通之處。重陽是「陽極」，正常的物理是「陽極生陰」；因此，重陽應該下雨，否則「亢陽爲害」。由於重陽是「兩個九」，亢得非常之厲害！因而其亢陽之影響力也就遠大。如於重陽無雨，那就證明是屬於「孤陽不生」的天時。天時如此亢燥，就能瞭解到太空之中水氣全無，這會有一百天的乾旱，三冬無雨矣。

火色，就是紅的顏色。月亮裏邊如果呈現紅暈，那就預兆人民多病！因爲，九月別名「戌月」，「戌爲火庫」，又是「地網」和「魁罡」，所以在九月應該「火氣」收藏，不宜再露「火色」。反此，則逆！古人謂：「月乃太陰之象」，「陰象」只是白色或黑色。在「太陰」之中而見「陽象」的紅色，天象之逆可知矣！「天人合一」，天象逆，卽主人民多病矣。

雷，在秋分之日就該「收聲」。秋分到九月節，已經「三候」十五天了，如再「雷鳴」，自係極端反常的氣候。氣候反常，收成自壞；收成一壞，米價當然漲得驚人。

謹按：先賢撰此十二首預言歌，大有考究。於正月至八月，是「春生，夏實，秋收」之時，所以每首歌都側重於五穀瓜果之播種、成長與收穫問題。至九月秋收已竣，轉入「冬藏」階段，他就掉換筆鋒，把預言重點放在占斷人民健康，和預卜來歲年成問題上面。

十月：月令歌

歌曰：「立冬之日怕逢壬，來歲高田枉費心。此日更逢壬子日，人民又受病災臨」。

新解：

立冬，是十月的「節」。命理：「壬為陽水，水旺於冬」。立冬之日，「金水相涵」，水氣已盈；再於立冬那天是「壬水天干」，乃「物忌太盛，難以為繼」之象！因此可以預卜來年的雨水不會再多，較高的田地，當然沒有適量的水源可供利用。農民如不提高警覺而向高田耕耘，那就會枉費心機了。

立冬節如果只逢一個壬水天干，頂多也不過於來年是小旱之年；倘當天而是「壬子日主」，那就更不得了，而有人民多病之憂！因爲「壬是陽水、子是陰陽怪氣的水」；陰陽都是水氣，節屆寒凝之候，難以引通。水凝不通，於天時爲「陰寒」，於人身爲「癃閉」。似此之象，民病爲災。

十一月：月令歌

歌曰：「初一西風盜賊多，更兼大雪有災魔。晴無日色迎冬至，來歲承平好唱歌」。

新解：

十一月建子，子水兼具陰陽兩面性，本質是「西北陽寒」之體。在初一那天，加上「陰燥西風」一吹，正係「寒冰遇風，以水濟水」之怪現象。「天人合一」也，天時既然陰陽怪氣，人心自然機詐叢生。險詐之人，挺而走險即爲盜；機巧之人，投機自私即爲賊。此乃「初一西風盜賊多」之「劫數」也！

「建子」之月，爲三冬至陰最寒之水氣。十一月和初一日，都逢「天一生水」之數，陰氣已極。「雪乃純陰之象」，初一倘逢大雪，以至陰而加純陰，苦寒至極！「苦寒不能長養萬物」，人爲萬物之一，自然受苦寒之害而「有災魔」。

冬至，是十一月的「中氣」。「冬至一陽生」，於易卦爲「復」，「一見天地之心」。所謂：「積陰之下，一陽復生；天地生物之心，幾於滅息，而至此乃復見」。故以「一陽復生」之象言，冬至日應該是個晴天，纔合「陽生」之理。又因「冬至子之半」，乃「一陽初動處，萬物未生時」。當時最好是個「曇天」氣候，無需整天露出大太陽；如果冬至那天陽光太多，也不大好。理由是：「一陽初動」，「陽氣」不宜過旺之故。倘於冬至天晴而有薄雲蔽日，那就預卜來年人民康樂，國家承平。

十二月：月令歌

歌曰：「初一西風六畜災，倘逢大雪旱年來。大寒木氣宜晴朗，下歲農夫慶益財」。

新解：

十二月建丑，其位正北偏東方；其「氣」介於「第六步氣太陽寒水」和「初步之氣厥陰風木」之間。初一如起東風，「水生木」，順生之機，時序不紊，當然很好。如起南風，「木生火」，仍是順生之機，雖稍嫌早，但非逆行，故無妨礙。如起北風，那是「寒水本氣」的風，正常的現象，當然平順。只有在初一這天，千萬不可起西風！因爲，西風是「第五步氣陽明燥金」之氣，是「退化的逆生之序」；水寒則不喜金生，木弱則大畏金尅。故於初一起西風，爲時序顚倒之象，氣候必然失常！人類，得五行之全，本性屬土，「土金相生」，對於金氣之西風，「洩而不尅」故無傷；惟「得氣之偏」的六畜，對此「肅殺之氣」的西風，則大感吃不消而成災！蓋緣：六畜爲馬、牛、羊、鷄、犬、豕，都怕金氣來尅。鷄屬「巽木」，馬牛羊犬豕均係「毛族」、而「毛類屬木」，牠們自然怕「金風」了。

十二月是癸水旺極之時，「癸，爲五陰之最」。初一日，又逢「一」數，陰氣更大。大雪更是純陰之物。在十二月初一陰氣那麼大的時候，再加上一場大雪，這叫做「過份」。「過猶不及」，等於「水氣的透支」，連明年的水份也下盡了！以「物極必反」之天道言：十二月初一如見大雪，下年之成爲大旱，乃理有固然者也。

大寒，是十二月的「中氣」。大寒當天，是「五運六氣」之學所稱：每一年度「厥

83

陰風木初之氣」的開始。五行之學：「厥陰」於天為風；於地為木；於人為肝。「天人合一」的道理，就是如此而來。「六氣」以「厥陰風木為第一步的氣」；「五運」以「丁壬化木為第四步的運」；「五行」以「東方甲乙木為位居首席的五行」。六氣居天；五運處地；於人、則取於五行。「木性」、體陰而用陽，陽必開朗；故於大寒日要天晴，則「風氣」通暢而不滯。人的肝臟「屬木」，木喜條達；木條達則肝舒不鬱而無災。「天人合一」的，大寒日晴朗：在天道為「初之氣得所」，主：明年耕作收成好。在人道為「肝臟舒適無病」，主：人類健康好。農民為人類一份子，收成既好，健康又佳，自然可以「孝悌力田」而益財也。

註：有人以為：陰曆十二月初八日，俗稱「臘八」；因而遂以十二月初八為「臘月臘日」。我意，或屬非是！所謂之「臘八」，是否由於佛祖之誕辰而來？不在本文研究之列，無暇考證。但據我所知，「臘月」之制，應該肇源於四千年以前的上古遊牧時期。月令篇所載：「孟冬之月，臘先祖五祀」；已可證明：「臘」是和「臘八」無關。

蓋上古於「臘月」之祭典有二。其始爲「腊日」，乃於四野田獵祭祀之祭典日。其後爲「臘日」，乃祭祀祖先於家廟之祭典日。而「腊」字又與「蜡」字相通，禮運篇所謂：「昔者，仲尼與於蜡賓」是也。「腊」字是正體字，並非「臘」字之簡筆字；「腊」是「野祭」，「臘」是「家祭」；故「臘月腊日」和「臘月臘日」，不可混爲一談。

秦始皇帝時代，根本不稱「臘月」，而改稱爲「嘉平月」。據風俗通云：「禮：夏曰嘉平；殷曰清祀；周曰大蜡；秦改臘曰嘉平，亦古義也」。

我之所以說：「臘月臘日，現在人們稱爲大除夕」者，是根據史記而來。天官書云：「臘明日，人衆卒歲，一會飲食，發陽氣，故曰初歲。漢，魏鮮，集臘明，正月旦，决八風」云云。「卒歲」，就是一年最後一天的意思；「除夕」，也是此意。魏鮮，是漢朝人的姓名，當時，魏鮮是做「占候者」的官職。極有可能，魏鮮是當時的「占候者」之主管官。所以，他就有權力在「臘明日」的時候，召「集」一些有關人員，於「除夕」的晚上「守歲」，靜候至「正月初一日」的平「旦」，大家一塊兒去觀察當時所特製的「風袋」「決」定「八」種不同方向的「風」力，以預測年成的美惡。據太史公司馬遷之描寫：這位魏鮮先生，「集臘明，正月旦，決八風」的工作，是相當認眞的。他要安心安意地從正月初一日「東方微露魚肚白」的時刻起，一直目不轉睛的觀察「風袋」吹向，以至傍晚「太陽落山」的天黑爲止。所謂「課多者爲勝」：「課」，是當做「計數」解，是「計數風力之多者爲主要風向」的。

所謂「臘明日」者，以鄙見看來，應該是要當做「臘」燭從晚上照到天「明」爲止的意思去解。因爲，「人衆卒歲」，大家都在守歲而「一會飲食」的大吃大喝，盡情暢快，以「發陽氣」了，這就是家人團圓等着過新年的「初歲」之情景。蓋大除夕的子夜，就是「正月旦」的前一秒鐘。「臘明日」緊接着「正月旦」，這就證明了：「臘日」是三十晚的「大除夕」。管見如此，敬俟高明之是正焉！

八　談「凉秋何時送爽」（原載：一九六二年九月八日星島晚報）

最近香港大公報副刊頭條載有「科學小品」一篇，題爲「凉秋何時送爽」？該文作者首謂：「我國民間向以四立作爲一年四季的開始」。他說：「事實上，這種說法是不合實際」。又說：「以立秋爲秋季之始，的確不科學」。

我要批評那個所謂「科學小品」也者，扼要說來有三點：

第一：以「四立」爲一年四季的開始，並非出自「我國民間」！在公元前二千二百多年「舜，齊七政」的時候；或更古「伏羲氏迎日推策，相剛建，造甲子，以命歲時」的時候；中國政府就以「四立」的節氣，施之於政令的。既然來談「時令」，儘管「書經」或「路史」未曾閱讀，難道禮記中的「月令篇」也不曾知道嗎？

第二：「以立秋爲秋季之始」，是高度的「天文科學」。中國古聖，在五千年前就已知太陽黃道行度的道理。「月令」所謂：「孟秋之月，日在翼，昏建星中，旦畢中」。就是說：第一個秋令的月份之中，太陽已走到獅子宮的一百三十五度，朝向雙女宮一百六十五度邁進，這時北斗斗柄指着「申宮」方位。因此，漢儒註曰：「孟秋者，日月會於鶉尾，而斗建申之辰也」。像這樣以天文現象區分時令，還是「不合實際」嗎？

第三，中國先聖所區分的「四立」，無非表示一年氣候變化和新陳代謝之理而已。（許多重病的人，每逢「四立」之期，健康每成問題，大家都曉得的。）原意並未說：「立秋，就是每天一定都有金風送爽」！故「秋後有一伏」，表示「酷熱」依然；「立秋」後有「處暑」，表示「暑氣」剛在開始處理；「處暑」之後有「白露」，表示大自然這時纔由炎熱的氣溫轉為涼爽的季節。以後至「十月下旬」，是「霜降」，纔是「秋去冬來」的前奏。該文作者對於中國先聖這樣天文學和氣候學相結合的科學，絲毫「不加調查研究」，就謾罵之為「的確不科學」，不知何所見而云然？

又據原文：「愛暉的秋始期是八月九日」。須知：八月九號正是立秋佳節呀！原文又稱：「一過八月半，冬季風又逐漸強盛，夏季風開始被迫撤退」；這和月令「孟秋之月，「涼風至」的說法完全一樣。須知：「八月半」是立秋後「一候」左右，夏季風開始去，冬季風逐漸來，正是新陳代謝之時，難道還不應該「以立秋為秋季之始」嗎？

九　談「廣州通書」之誤（原載一九六四年十二月三十日星島晚報）

前天，我買了一本「廣州通書」，其售價與去年相較，令人有「隔世之感」！每本竟售三元六毫之鉅。我滿懷善意的希望，以爲該「通書」現既突然漲價四、五倍，那就可能會和近五年來，中共大力提倡研究中醫「陰陽五行之學」，而對「五運六氣」理論，出版新書那樣的認眞，於如此昂貴的「廣州通書」中，羅列一些「化腐朽爲神奇」的「民族寶貴文化資料」於其間焉。於是，我就不惜平日辛勞所得，欣然買了一本而歸。伏几陳書，「夜觀無忌」，粗覽一過，不覺惘然！余乃拍案而作曰：噫！甚矣！「廣州通書」之誤人也！

此次我所買的「聚寶樓，廣州羅氏通書」，文字紕繆而又自相矛盾！站在闡揚正確的東方文化，和熱愛民族之優良學說的立場上，我不能已於言！爲節篇幅，僅扼要畧舉「廣州通書」之誤，並予糾正如下：

A、夷考「通書」之爲物，乃中、日、韓、越各東方民族所共同珍視！其珍視之理由，則以「通書」詳列每月節、氣，及每日宜忌事項，使人們知所趨避之方，且可作爲諏吉之用。至於任何兒童之誕生，均賴「通書」所載而獲知其「四柱八字」。此種「通書」如經由「中國科學命理」方法稍予整理的話，我敢主觀地相信：新式的「通書」，必能把西方國家報紙上的「看星宮算命」的生意拉過來。無奈，此次買的「廣州通書」，不但是「太婆的鞋，老樣子」，毫無新義！而且經過我檢查之後，立刻發覺該書對於一九六五年乙巳歲的每月節氣之「推步」，竟與南京紫金山天文台在今年十月所出版的「天文年曆」相異。最怪之處，則爲「廣州通書」每月交換節氣之時刻、與該書所附載之「陰陽曆百中經」完全不一樣而自相矛盾起來！核閱該書之節氣，且有與「天文年曆」差誤達一時數十分之鉅者！吁！可畏哉！

B、根據古籍：「乙巳流年九宮八卦圖」，乙巳年是「五黃」占於「坤」位，坤位是西南角。但「廣州通書」則於「乙巳年春牛圖」下，大書「五黃占兌」。查：「兌」是正西方，乙巳年「一白占兌」是眞。難道「廣州通書」編者，有「旋乾轉坤」的本領，可以硬把「五黃占坤」的位置拉到西方靠攏去嗎？一笑！

C、據「協紀辨方」云：「龍治水，視元旦後第幾日得辰，則爲幾龍治水也。得辛，視正月上旬第幾日値辛，卽爲幾日得辛也」。至於「牛耕田」，則視農曆元旦後第幾日値「丑」，則爲「幾牛耕田」也。本此原則，故於乙巳年農曆正月初三日「己丑」，卽定爲「三牛耕田」。正月初五日「辛卯」，卽定爲「五日得辛」。正月初六日「壬辰」，卽定爲「六龍治水」。此種普通常識問題，雖不識字的老農，類能言之。不意「廣州通書」竟大書曰：「十日得辛，一龍治水，十牛耕田」，豈不笑掉老農大牙！

D、遵古法則：農曆元旦後第幾日干支納音屬木，卽爲「蠶食幾葉」。古籍又載：「寅申巳亥年爲大姑，子午卯酉年爲二姑，辰戌丑未年爲三姑」。謹按：乙巳年正月初四日庚寅，納音五行爲「松柏木」；「巳」年爲「大姑」。所以就應該推定：乙巳年是「大姑把蠶，蠶食四葉」的。不知「廣州通書」何故和古人搗蛋？居然改寫爲：「一姑把蠶，蠶食七葉」。此種錯誤在表面上看來似小，揆其實際則「干係甚大」！如所周知：中華民族，直到今天號稱「農村電氣化」的時候爲止，無可諱言的仍是「以農立國」。「通書」的主要作用是什麼呢？毫無疑問，它是中華民族先聖先賢所積累實際的農業工作經驗的「農作預言指南針」。夷考「蠶桑」勞作，是中國農業最寶貴的副產品；預占「蠶食幾葉」，可以使令農民們預知該年的蠶桑農產之發展情況如何。倘將「蠶食四葉」的預言，錯誤地寫為「蠶食七葉」，這就會使農民恐懼「桑葉精貴」的心理產生，因而造成農民「不敢養蠶」的觀念，這不就是因為「一字之差」而貽害於國計和民生了嗎？

總之，「廣州通書」的錯誤，實在大出我的意外！至於該書所載之「月令豐歉預言歌」，由於該編者因襲「不通的坊本」，致使字句錯誤，意義顛倒，例如：「三伏之中逢酷熱，五穀田禾多不結」，及「重陽無雨一天晴」之類，都是「一字之差，天壤之別」，不可以不辨！那首「豐歉歌」，本是鏗鏘可頌的好詩句，但被該書錯誤了韵脚，顛倒了平仄，弄成俗不可耐的玩藝，誠大憾事！

十　閒話「英國人・談：中國科學」（原載：一九六四年十月廿一日星島晚報）

十月十三日香港大公報第一版載有「特稿」，題爲：「英國著名科學家，李約瑟談中國科學」。李氏强調「古代中國科學超過歐洲」，他對中國先賢表示極端推崇之意。李氏說：「中國科學的發達，遠比歐洲爲早，西方科學在哥倫布發現新大陸以後……纔有重大的發展，而中國在第一世紀到第八世紀時代，已經有了祖冲之，一行等等傑出的科學家了」。該「特稿」介紹：李約瑟是英國劍橋大學卡伊歐斯學院院長，現正編印「中國科學技術發展史」的鉅著。並介紹說：「李約瑟還不能肯定他能否完成這項工作。因爲搜集和撰寫那樣一冊的著作，需要十年左右的工夫，而他今年已經六十四歲了」云云。

我看過「李約瑟談中國科學」的報導後，使我產生了三個感想：

第一：謹按祖冲之和僧一行二位先賢，都是中國古代傑出的「陰陽五行」專家。而僧一行在「科學命理」方面的造詣，則是唐初推背圖作者袁天綱、李淳風等預言家的後起之秀。現在，李約瑟博士居然指名推崇中國古代兩位提倡「宿命論」的學者，足見

「吾道不孤」！我在近十年來所大力鼓吹的「科學命理」，正是淵源於「祖冲之，一行等等」先賢餘緒。想不到，英國的科學家，也和我的眼光一樣，看重了他們。這眞是「空谷足音」！古人所謂：「東海有聖人出焉，此心同，此理同也；西海有聖人出焉，此心同，此理同也」的話是不錯的！因此而使我頓興「子欲居九夷」之感。

第二：我於一九六一年七月十一日在本刊發表「從中共印書談起」的拙作說：「中共雖然號稱東風壓倒西風，但在思想上仍不免被歐洲的西風壓倒……更不敢提倡中國的古代數理學說。」我寫那篇拙作的主要意思，是批評中共對於中華民族優良文化所獨有的「唯物論」的「易經」，和「辨證法」的「命理」名著，似乎以逃避現實爲能事，未曾大胆地予以出版的事兒。現在，看到李約瑟博士所談的「中國科學」也者，其推崇的對象，竟不在什麼「農村電氣化」之類的「壽陵學步」玩藝，而偏偏着重於研究「陰陽五行之學」的「祖冲之，一行等等」的頭上來！他對於努力提倡「宿命論」的僧一行，居然戴以「傑出的科學家」的高帽。是何故歟？是非自有公論也！誠不知那些「以耳代目」的淺見之輩，和平日破口大罵「算命爲封建迷信」的人們，閱此報道後作何感想？

第三：李約瑟博士寫作「中國科學技術發展史」的毅力和熱心以及高瞻遠矚的研究精神，的確使令後學之士的我，油然起敬。於此，我默祝李氏的著作順利完成，永垂不朽！因爲，這件工作，本來應該由我們中國人來幹的；而李約瑟博士居然能以垂暮之年的英國人，去肩起「闡揚東方文化」的重任，這豈不是難能可貴的嗎？可是，李氏鑑於自己已是六十四歲的人了，寫那著作，需時十年，因而他就懷疑自己「能否完成這項工作」。我以爲，李約瑟博士對於僧一行的最高境界的著作之一的「銅鈸要旨」，可能是未暇研究。如果李氏是曾經學過「銅鈸要旨」的「科學命理」的話，那麼，我敢相信，李氏對於自己的壽命究竟是有多長的疑問，大概是會得到一個答案。因爲「銅鈸要旨」，是唐代的命學名著，可以決人生死問題的啊。奇怪的是，李氏是西方學者，對於中國「科學命理」朦無所知，尚是情有可原；至於强調「東風壓倒西風」的中共學者，而未曾以此種「並世無雙」的國粹——「科學命理」向李氏做個有系統的介紹，以致使令李氏無由獲窺「中國科學」最高境界之門徑，因而不知自己的壽限問題，平白地增添了李約瑟博士之煩惱！這豈不是一件令人遺憾的事嗎？

我除了產生上述三個感想之外，對於李約瑟博士所稱：「中國食經的古書資料，對於西方未必有很大的價值，因爲西方科學現在已掌握了維他　的祕密；可是，這些資料有很大的歷史興趣」云云；以及他說：「針灸可以治病，已經實驗證明了，但是爲甚麼針灸會有這樣的作用？却還有待現代科學家來分析解釋……。這個謎，相信不久就可以打開，打開之後，甚至可能幫助解決現代醫學上一些目前還不能解決的問題」等語，我也有些意見的。

有如前面摘引「特寫」報導之所述，李約瑟博士是一位英國科學家，又是劍橋大學的院長，以其「學術無國界」的公正態度來批判「中國科學」的優點或缺點，我們當然是由衷的歡迎，願意洗耳恭聽。可是，如果一種批評是出於「情況的不了解偶然的錯誤」的話，那麼，我們忝爲中華民族一份子的人們，似乎也就應該以「當仁不讓於師」的立場，很誠懇而又很坦白地去向那位批評者解釋一番，免令那些「偶然錯誤的批評意見」，陷於「大惑者，終身不解」的境地，纔是道理。但很遺憾，詳閱那篇「特寫」報道，並無中共學者向李氏作剴切說明之處。而李氏在中國境內「化了三個月的時間」，和「中國科學院和其他機構」接觸，好像也不曾碰到一位「熱愛中國文化的有心人」去和李氏商量舊學，推演新知。以致在中國大陸的「秦，晉，蘇，浙，豫，贛等省地區」兜了一個大圈子的李約瑟博士，恍如「身入寶山空手回」的胸中網羅了一大些「謎」樣的「中國科學」資料而歸；李氏到港，只能深深地長嘆一口氣說：「這些資料有很大的歷史興趣」而已。

如此說法，則所謂之「中國科學」也者，其價值，在李約瑟博士的「弦外之音」看來，恐怕頂多也不過只是倫敦博物館中古物陳列品，或者是劍橋大學圖書館裏的部份藏書罷了啊。

看過李約瑟博士談話的報道以後，使我對於細膩研究問題，坦白陳述批評意見的李氏，更有「斯文同骨肉」的親切之感。中國有句老古話：「君子，愛人以德」；又說：「惟善人，能受盡言」。孔夫子的高徒子路，「聞人告之以有過，則喜」。基於中國聖賢的古訓，站在溝通東西文化的立場，本着宏揚中華民族國粹之光的責任，我對於李約瑟博士所發表的批評「中國科學」的談話，雅願有所商榷！限於篇幅，扼要陳之：

一　關於「食經資料」問題

首先，我們要大聲疾呼的鄭重聲明：中國「食物營養和治病知識」的資料；在基礎上，是和西方「維他命的祕密」，有其本質之不同的！因爲，維他命的藥品「偏」於「形、質」方面的元素；而中國的食物，「全」於「氣、性」方面的內容。夷考中國「食物本草」之類資料，其著作的精神，多半都是講究「五行勝復」之道。這種「五行勝復」之道，完全是根據中國「醫學聖經」的「內經」上面的「五運六氣」之學而來。而「五運六氣」之學，就連普通的中醫們也是弄得莫名其妙；所以在西方科學的醫藥學說中，幾乎可以肯定地是沒有「五運六氣」的名詞。不曾研究「五運六氣，五行勝復」之道的人們，對於「食經資料」的學習，當然是會犯了「盲人摸象」的毛病。像中國食物的「因氣相求，因性相從，因形相類，因質相同」的理論，正是很完整地揭開了中國食物的「祕密」！我以爲，中國「食物營養和治病知識」的資料，其主要作用是在於「虛則補其母，實則洩其子」的高度醫學原理。而中國食物調養「氣·血·虛·實」的功效，也許還有比「維他命的祕密」更爲「祕密」的地方，何況維他命並非萬能呢。倘僅以「淺嘗輒止」的「歷史興趣」來看待中國「食經資料」問題，那就當然是「會對於西方未必有很大的價值」了。

二　關於「針灸技術」問題

關於「針灸技術」問題，我更要强調的說：中國針灸，是根據大自然的定數規律，依照全年四季三百六十五天氣候，去治療人類週身三百六十五個關竅。這是中國「陰陽五行之學」的實踐科學！她完全吻合於「天體，地質，物理，氣候，音波，樂譜，星辰．風速，原野，地理」等九項不同的自然科學，絲毫沒有不可解的「謎」一樣可言。我認為，凡是不懂「針灸原理」，而把「針灸技術」視為「神祕之謎」的人，就和不懂天文曆法，而認日蝕和月蝕為謎樣的人們是一樣的可笑！因此，所謂「針灸是個謎」的說法，根本上不能成立！須知：針灸的學問，是中國四千七、八百年以前的古代科學家們，積累了千百年體驗的實踐科學，這和西方科學「化驗藥物」的苦功是一樣的，決不是「嚮壁虛造，玄之又玄」的東西。如所週知，西方科學家研究「性病」特效藥「六〇六」，只不過是花了十幾年的工夫，試驗過六百〇六次而已。中國古代科學家的研究精神，在我個人的常識之中的印象，好像西方科學家還不曾有過同樣的美談呢？例如：中華民族始祖黃帝的醫務大臣鬼臾區，和黃帝的老師岐伯，同樣都是傑出的科學家。鬼臾區有一次向黃帝報告說：「我的家族，曾經有祖孫一共十代去專門研究太古時代的天文學的古書，那書的名字叫做『太始天元冊』」云云。大家都知道，中國人是以「三十年爲一代」的，鬼臾區祖孫十代去研究「太始天元冊」的天文學，這就硬是由「一個家族花了三百年的工夫」去研究一本古書的故事了！像這樣連續不斷地「研究三百年」而且只是研究一本書。請問：這比西方科學家以「六百〇六次」研究一種藥物的工夫，到底是誰偉大呢？針灸之學，是在黃帝時代發明的；以鬼臾區那樣地研究科學的精神去看問題，「針灸技術」之爲「科學實驗的結晶品」，還能有疑問嗎？還會是不可解的「謎」嗎？坦白地說來，站在不懂陰陽五行之學，甚或是鄙視陰陽五行之學的人們的角度而言，所謂：「九針焉生？何因有名？」的疑問，連中華民族始祖黃帝老人家都發生過；這就難怪西方科學家被「針灸技術」弄得一頭霧水的了。可是，我的愚見以爲：西方科學家如想解開「針灸之謎」，那就得要花點工夫去學習「針灸基本綱要」之中的「形・氣」之學的原理。碰到「形氣」之學的原理，就得首先去學人身「陰陽五行」的「虛・

實」情況。一談到人身「陰・陽・虛・實」的情況，就非得從中國「科學命理」的學問上去下工夫不可！因爲人身是有「先天混元之氣」。人們始生的「年・月・日・時」的天干地支八個字，就是人類每一個人「先天混元之氣」的大自然科學「數・理・化」的「X光」之紀錄。所以，凡是不懂「陰陽五行」之學的人們去研究醫學，就只能做到「下工，治已病」的醫生；而通過中國「科學命理」去掌握人類「先天混元之氣」的醫學家，纔有希望進入「上工，治未病」的出神入化之境界。我認爲：西方科學家，如果是既認眞，又努力；既有好的基礎，又能虛心學習，不恥下問的話；那麼只須西方科學家肯在「陰陽五行之學」下過一些工夫，掌握了「五行勝復」之道；則不但西方科學家不出十年八年就可以解開「針灸之謎」，就連中國古代最高境界的科學——「天人合一」之學，也應該可以慢慢地體會了出來。

倘若西方科學家懂得「天人合一」之學，則我敢相信：「中國科學」，說不定眞是「可能幫助解決現代醫學上一些目前還不能解決的問題」呢！針灸技術，乃其小焉者耳。質之李約瑟博士以爲如何？

十一　談印尼總統蘇加諾的「運氣」（原載一九六二年九月十七日現象報）

「運氣」二字，在五千年前中國始祖黃帝所著的「內經」上面，已經很强調地指出：它對於人生之禍福是非常之大的。因此，算命者固然要談人們「運氣」之好壞；而中醫們更非研究人們「運氣」之好壞不可！本文卽以醫理和命理相結合，來談印尼總統蘇加諾今後的「運氣」問題。

蘇加諾生於公元一九〇一年六月六日，那天剛巧是「芒種節」。他若生於「申時」之前，其三柱爲「辛丑年、癸巳月、乙卯日」。如他生於「酉時」之後，其三柱卽變爲「辛丑年、甲午月、乙卯日」。像老蘇這樣的人，應該是生於「申時」之前，纔能符合「大貴者，用財而不用官；當權者，用殺而不用印」的命理邏輯。我雖無從獲見蘇加諾小史資料，以爲研究之用；但近十年來，我隨時在報上零星地看到蘇加諾的消息，我覺得是可以試行據此事實情況，以推算老蘇今後之個人「運氣」，藉供讀者之談資，兼侯大雅的是正！

首先，我要大胆地寫出我的「處女作」，雅願根據「醫理」方面的學說，來表示我對蘇加諾今後「運氣」的看法。

猶憶本年八月六日中共的「中國新聞社」，曾以長篇專電報導：中國「醫療組長」吳階平的文章，題爲「回憶給蘇加諾總統治病的日子」，香港左報，曾以顯著地位刊載出來。該文大意說：醫療組帶了大批X光機和醫療器械，以及幾百斤最好品種的中藥和其他藥品，由大陸飛到印尼，該組成員九人之中，有泌尿、放射、心臟、針灸各科專家，從一九六二年一月十五日「一早，便開始了緊張的工作……經過四個月緊張、認眞而愉快的工作，五月初在預定第一階段治療結束時，再次爲蘇加諾總統進行了全面的檢查」。斷定老蘇的「全身健康有了肯定的提高」。該文並引證蘇加諾的話，表示老蘇吃中國藥不怕苦；老蘇「甚至幽默地說：『這是中國咖啡，我很喜歡喝，到時候就想它』。」云云。

像吳階平那樣在文章中暗示：以「千方百計、取得療效、完成任務再回來」的誇口之詞，我到認爲：他是「叨天之功，以爲己力」的！依照「五運，六氣」的吉凶而言，今年一月十五日的干支，是「辛丑，辛丑，癸丑」的「運氣」，對於蘇加諾非常有利。因爲，「辛化陰水，合人之腎；癸化陰火，合人之心」，心腎的「水火既濟」，則腎氣自固，先天眞陽自足，可奏蒸化穀食之功能。如此現象產生之後，後天的脾陽得運，自能上輸穀食之精華以灌漑整個的臟腑。凡遇如此好「運氣」之人，其病均能「勿藥有喜」。剛巧，吳階平跑去治療，這不正是「走運的時醫，醫病尾」的嗎？

根據醫學方面陰陽五行的「運氣」道理去推測，明年癸卯太歲（一九六三）是「火尅金」的年份，對蘇加諾已有不利！再到一九六五年乙巳歲，「金尅木」的年份，恐怕老蘇也是不妥！因爲，在癸卯和乙巳兩年之中，蘇加諾是犯了「運尅天氣，以下尅上，故名不和，亦爲不相得，而主病甚」的醫書評語。尤其是在癸卯年戊午月，或乙巳年乙酉月，「同氣偏勝亢害」之時，老蘇的病，是會復發，而且不輕；否則，老蘇便會因印尼政局的痲煩，而大發嚴重的心病，甚至遇到突然的急症，也說不定。總之，蘇加諾在明年或大後年「運氣不和」之時，他要多多地痛飲「中國咖啡」的「苦水」纔好！

其次，我再根據命理來談蘇加諾今後的「運氣」：

夷考蘇加諾命造的「喜用之神」，是在「辛丑年柱」。於二次大戰後，他很有福氣的碰到「丑、戊、子」三步最好的大運，遂能風雲際會，一步登天的貴爲元首。但自去年他交進「丁火運」之後，雖幸得「辛丑好流年」的幫忙，而仍難免於一次危險的大病！據報載：老蘇去年的病，是腎虧，是不能走路。這正合於命書所謂：「金水枯傷，而腎經虛」；「壬癸受傷於戊己，病膀胱，則腎部虛凝，下元有病，步履不輕」的理論了！至於今年（一九六二年）太歲壬寅，和大運丁火相合，是「化忌助身」之吉兆，所以老蘇還可以吓唬吓唬荷蘭，要挾要挾美國，取得了西新畿內亞的表面勝利。但他却得罪了「老搭檔」尼赫魯，被老尼公然的臭罵一頓，其滋味當不好受！依照命理而言，明年癸卯，和大運丁火相尅，老蘇是犯了「歲運不和」的毛病，其健康和事業，都會有碍。再到一九六五年乙巳歲，「木火齊來，土金兩傷」之時，老蘇「運氣」之壞，是肯定的！

如以命理來看老蘇的病情，則其日主乙卯「生火爲忌」，一有病就會生在「左邊」，命書云：「甲乙寅卯屬震，主病在左」。又以「壬係膀胱癸腎藏」之理判斷，老蘇命中的「癸水」，暗受「丑巳二宮戊己之尅」，於十年前，老蘇交進戊土大運之後，腎病應當早已潛伏。明年（一九六三年）夏秋，他的「左腎」，可能再度「沒有功能」。再至大後年（一九六五年）乙巳歲，和大運丁亥相冲，蘇加諾的「三焦之氣」，可能扞格不通，其病至劇！但願老蘇多保重些！

總之，命理和醫理，一也！前（一九六〇年）年三月三日我在星島晚報的拙作中說：「中醫之與算命、在殊途同歸的方面講，等於不可或分的太極；在各盡所能的功效言，等於互相輝映的兩儀」。因此我就奉勸：算命的要知醫！行醫的要學命。基於上述醫理和命理相結合的論點，蘇加諾今後的「運氣」都不好。倘若不幸而言中的話，則學命和學醫之人，的確是應當交流經驗，以共同宏揚吾華寶貴之國粹！

十二　美國人的「命造」應當如何推算（節截一九六四年八月三十一日星島晚報）

八月廿七日星島晚報訊：「詹森選定堪富利爲副總統候選人」。並載：「堪富利生於一九一一年五月廿七日。詹森於八月廿七日滿五十六歲」云云。換算干支，詹森是「戊申年，庚申月，甲寅日」三柱；堪富利是「辛亥年，癸巳月，丁酉日」三柱。又據上月本報譯訊：美國共和黨總統候選人高華德生於一九〇九年元旦，其三柱是「戊申年，甲子月，辛酉日」。

目前算美國人的命，習慣上是比中國人延遲一個「日干」去排八字的。這是因爲，「國際日期變更綫」，是於東經和西經一百八十度的焦點之太平洋中心地帶去硬性分開。所以，在美國人看來是今天，而在亞洲人看來，則是昨日。究竟這個所謂的「國際日期變更綫」，是有些什麼「自然科學」的根據呢？我迄今爲止，只感覺那完全是一種「硬性的人爲之事」！這和硬性規定「格林威治」的鐘點，是「世界標準時間」；以及所謂之「夏令時間」的辦法等等，都是徹頭徹尾地不符合於大自然氣候正常現象的！如果「國際日期變更綫」，的確需要重行調整，而依照中國科學命理的「大自然法則」予以更訂的話，則現時所有美國人的生日，就會個個都是弄錯了一天！弄錯了一天的命造，是不可能算得準的。

我之所以懷疑現行的「國際日期變更綫」可能有錯誤，是有事實推論之根據的。略述如下：

第一：近二十年來，美國有六位正副總統；如依照現時規定之「日干」去推算他們的命，則此六位偉人的生死成敗之事實，幾乎個個都是不合於命理邏輯的定律。但若把他們六位的誕辰，都「提早一天」去研究，那就個個都和命理辯證法相符了。例如：羅斯福「提早一天」變爲「己土日」，他就自然的數當死於木尅土之年。杜魯門變爲「丁火日」，自應下台於水尅火之年。艾森豪變爲「丁火日」，自應下台於殺旺之年。尼克遜變爲「己土日」，失敗於尅洩互見之年固宜。甘迺迪變爲「庚金日」，死於「傷官見官，爲害百端」之年也是應該。詹森變爲「癸水日」，逢到「幫身貴人」之年而登大位，更是命定。至於高華德，如照現時的「日干」辛金去看，他也不過一位有錢之讀書人而已。但若高華德變爲「庚金日」，則「有軍人氣概」的現象，正是理之自然。談到堪富利，如照現時的「日干」丁火去看，則「殺重身輕，非貧卽夭」，何來富貴？但若堪富利變爲「丙火日」，則堪氏之所以能够「多才多藝」者，亦爲理所應有之事。

第二：美國人的祖先，雖多半來自歐洲，但因「地理」不同而改變了性格。如所周知，美國人是具有「水的激動性」，「木的倔强性」，和「火的明朗性」。夷考「水木火」的天性，是屬於「東方木氣」的大自然氣流。由此看來，美國應該算是「東方」，而不能作爲「西方」的「日干」去談命造的！因爲，美國人的性格，和沉靜、方正、而又保守的英國人性格，完全不同。英國人是具有「土金水」的天性，她是屬於「西方金氣」大自然氣流的。我所認識的英國朋友，其中有人對美國人的作風，不表欣賞，這正是「東震．西兌」，相反相成的自然反應，無可怪者。

根據中國科學命理——陰陽五行之學，我認爲：現行的「國際日期變更綫」，應予改訂！經過改訂之後，纔能吻合於宇宙大自然氣流的實際循環狀態。分述管見，以俟賢者商榷：

壹：從西經八十度左右的巴拿馬運河之南北縱線起，至西經一百六十度阿拉斯加和太平洋東部止，是地球「東方」的起點。「新的國際日期變更線」，應該從巴拿馬運河的東方港口開始起算，作爲每一天的上午零時開始，纔合道理。這一地帶的氣流，是屬於「水木火」狀態，而其「人性」則以「木氣」爲主流。

貳：從西經一百六十度左右的白令海峽和南太平洋的新西蘭起，至東經一百三十度的日本九州和澳洲止，是「東方的中部」。這一地帶的氣流，是屬於「木火土」狀態，而其「人性」則以「火氣」爲主流。

叁：從東經一百三十度左右的韓國和帝汶島起，至東經六十度的蘇俄烏拉山和巴基斯坦止，是地球的「中央部份」。這一地帶的氣流，是屬於「火土金」狀態，而其「人性」則以「土氣」爲主流。我們中國同胞，正是「以土德王」的人類。

肆：從東經六十度左右的伊朗和鹹海起，至西經十度的愛爾蘭和摩洛哥止，是「西方的中部」。這一地帶的氣流，是屬於「土金水」狀態，而其「人性」則以「金氣」爲主流。

伍：從西經十度左右的冰島東境和非洲毛里坦尼亞的西境起，至西經八十度的古巴和智利止，是地球「西方」的終點。這一地帶的氣流，是屬於「金水木」狀態，而其「人性」則以「水氣」爲主流。

歸納說來，「西經八十度」的「西方水氣」終了，便是「西經八十度」的「東方木氣」的開始。「木氣」接着去生「火氣」，「火氣」轉生「土氣」，「土氣」順生「金氣」，「金氣」又生「水氣」，「水氣」再生「木氣」。如此的循環無端，生生不已，這便是宇宙大生命之妙！也就是中國科學命理——陰陽五行之學的宇宙觀。經過我在近十年來的實際工作經驗所得，我確信：這個邈無涯涘的宇宙，的確是有一個「民無能名焉」的上帝做大主宰！如想體會一些宇宙造化的原始基礎，就得觀察大地萬物生長的主要規律。人，是萬物之靈，其靈性的表現，完全是在於人性方面的自然流露。如果我們把「國際日期變更線」訂正一下，則對於美國人的「水木火」之人性，就可以得到一個正確的瞭解。如於美國人性而能有所瞭解，則對於世界局面之前途如何？也就可以根據美國總統個人的性格而看出部份來。

卷尾語——寫在「人的運氣」之後

在公元一九五零年庚寅歲之前，我完全不懂算命。

翌年，辛卯初春，瀕於斷炊之境，乃不得已而丏得鄉丈許靜仁（世英）先生題匾，以「雙桐舘主」名義，在九龍鑽石山友人家中，擺起「八卦攤」，實行替人算命。其實，除於兒時趨庭習禮、先嚴滌凡公授經，畧知「易卦」之皮毛外，對於「子平命理」，根本就是門外漢。不過，人窮智生，陳書試習，遂以「急就篇」問世而已。故於萍水相逢之熱心友人陳君替我介紹第一位顧客——賈果伯前輩光臨之際，在既慌、又急而且自覺不好意思的心情緊張氣氛下，我走來就把賈老先生的「大運」排得顛倒了。幸虧他是一位古道熱腸長者，毫不介意，反而安慰勉勵一些話。及今思之，猶感汗顏。

約閱十個月，首蒙一位邂逅相逢的粵人溫伯涵先生指點，他說：「算命想學得透澈，必須熟讀滴天髓闡微增註纔行」。可是，那時如何能有十幾二十塊錢去買書？

事有湊巧，一位上海客人來算命。談完，那位客人說：「我的師傅，現在業餘研究命理，和你的話頗有不同」。我自知不行，久已存心想請高人指教。於是，趕快要求介見他的師傅，以便執卷請益。約日會見，原來竟是老友張松濤先生。他說：「我有一本命書，內容太複雜，我看了要打磕睡。你現在既以算命做職業，應當好好地去研究，我把書送給你」。我打開一看，正是清代「科學命理大師」任鐵樵先賢所註的「滴天髓闡微增註」，也就是明代「科學命理先導」——明太祖「軍師」劉伯溫先賢的「原註」之本。這眞叫做天從人願，大喜過望。迄今，我每每感念張兄不忘！

自辛卯仲冬，獲得「滴天髓闡微」之後，我花了約摸兩年多的工夫，從頭到尾，一字不漏的連讀三四遍。

於讀滴天髓第一遍時，不大懂，也是「要打磕睡」。且以曾閱其他古今命學著作，不無「先入為主」之見，覺得任鐵樵的議論，和其他命書不同；而任氏文字雖古樸，但多憤世嫉俗語。以為，任氏或係「自炫」。故除欣賞其典雅之詞藻外，對於任氏之為人，稍存「不敢恭維」之意。

再讀滴天髓至第二遍，對於任氏理論，微有一知半解領悟。但仍因其他部份命書，把理論機械化了，「先入爲主」之見，未祛於心，致於任氏之微言大義，在無形中依舊產生若干抗拒力，未能眞正體會。但此時，因採用機械理論替人算命不靈，遂對任氏痛加申斥坊本命書之言論，大表同情。良以，許多命書，導人以誤，流於謬說：吉凶神煞，忌諱太多；既牽强於納音，又附會於星宿；積重難返，故步自封。狡詐之徒，因而利用，惑人父母，騙人金錢。趨於迷信，有自來矣！如無任鐵樵先賢大張撻伐，則世俗將狃於故習而不能自拔！（註）語曰：「治亂國，用重典」。孔子爲魯司寇而誅少正卯。方今「談命之少正卯」實繁有徒，安得任鐵樵復生，以雷霆萬鈞之力，掃除「談命之謬說」乎！

讀滴天髓至第三遍，於命學微義，漸有心得。而認定：任鐵樵憤激之言，實大有功於名敎，於是心儀其爲人。爰銘座右曰：「得志則爲劉伯溫，不得志則爲任鐵樵」！蓋緣：劉伯溫及任鐵樵兩人乃「中國科學命理」之導師，值得效法。而滴天髓之作，又等於一部「物理化學」的研究報告，實具「天人合一」命學的具體說明。舉凡人類本源、天性質素、疾病原理、六親關係、人事問題、地理條件、心理反應、優生遺傳，與夫氣候之影響、祖宗之功德、事業之成敗、貧富之來由、妻子之賢愚、文武之取捨、環境之選擇、吉凶之趨避……等等自然科學、社會科學，以及哲理與宗教之涵義，無不畢臻。誠壽世之奇書，覺人之正道也！

我讀滴天髓至第四遍時，居然看得出神，垂簾之所雖然走進客人，我都不知道。挑燈夜誦，於每一句不至「心知其意」不止，每至眼簾不能再撐始罷。這是壬辰歲以迄癸巳歲之間，我的「困勉斯爲學」態度。

通過初步體會之後，逐漸提高研究情趣。首先將我自己八字，從滴天髓任氏註中，設法尋出一些比較切合的答案。然後把這幾條答案，反復玩味，熟讀深思。再依照任氏所啓發的原則，將賤造配合運程、流年、月建、日干四項，以及當時處身之地理環境，周圍人事等等，綜合研究一番。以歷史學家治編年考據的方法，邏輯而演繹之。盡量客觀，就事論事，不存絲毫牽强附會意識於其間。並抹煞一切「星宿吉凶」之舊說，以及曆本所載「黃道黑道」宜忌之膠見。又將古書所載之逐年「月將流年圖」，暨「十二命宮流年詩」，和荒謬不經的「稱骨歌」、「黃帝頭四季詩」、「三娘煞」、「小兒沖犯關煞圖」、「眼跳、心驚、耳鳴、嚏噴、衣留、犬吠、鵲噪」等等諸「法」、「小兒十橋歌」、「五命花根詩」，和什麼「二十三關」之類的「閻王、五鬼、天狗、雷公、鬼門、急脚」等「關」，甚至是江湖術士奉爲金科玉律之「董公擇日要覽」等書，一概束之高閣。又謹遵明代命學大師張神峯先賢「命理正宗大全」的指示，對於「三車一覽，望斗眞經，耶律經，玉井奧訣，蘭臺妙選」五部古書，根本不再浪費時間研究。同時，對於「攔江網」一古籍的機械理論；與及「壬騎龍背，六乙鼠貴，六陰朝陽，蝴蝶雙飛，虛邀，拱貴，飛天祿馬，倒冲祿馬，夾丘拱財，福德秀氣」等一大堆巧立名目之奇格異局，甚至是什麼「桃花神煞，甲戊庚、乙丙丁、壬癸辛三奇」和「流霞、紅豔、孤神、寡宿、十靈、勾神、絞神、隔角煞、懸針煞、平頭煞、紫暗星、冲天煞、呑陷煞、馬前神煞」之各種迹近「迷信理論」，均予廢置不用。

從癸巳歲之冬起，我自覺對於滴天髓的理論，是有一些片斷心得。而確認：他的理論，和我所邏輯的事實，是互相結合的！因爲，在兩種事實上，都證明任氏理論不錯。例如：我自己的「命造」，以我所經歷的三十年歲月——七歲至三十七歲之間，得失成敗、喜怒哀樂之事，皆吻合於滴天髓的答案；縱即偶有小出入，諒仍係我所體會的理論還不到家之所使然。又如：我在癸巳歲全年之中，曾找到「日主不同，好惡各異」之親友八字，而這些親友，絕對是我所比較深切瞭解者。也是用上述同樣方法，只考究「五行生尅制化」之道，不管什麼「星宿」或「神煞」名詞，都一個個從滴天髓任氏註中找出類似的答案。經過綜合探討之後，均證明任氏所論非虛。至此始知：「滴天髓闡微增註」之作，是任鐵樵先賢耗其畢生精力之結晶品！任氏在三十歲之前，自稱：欲「繼父志以成名」，大概是一度出過小風頭，三十多歲之後，自稱：「半生事業，亦似浮雲」，因而，「潛心學命，爲糊口之計」。任氏又自嘆：「限於地，困於時，嗟乎！莫非命也，順受其正」云云。據近代命學前輩袁樹珊先生之考證：「任鐵樵先生壽已七十有五，猶垂簾賣卜，勤勤懇懇，爲人推命也」。至於任鐵樵先賢歿世年月，則不可得而詳。若以子平命理推之，任氏壽元，應可屆於八十七歲己未年。總之，任氏對於命學，大概是用過五十年的心血，確是偉大之至！我認爲：「滴天髓闡微增註」這一部書，可以說是子平命學之中的「春秋經」——聖經。因爲，任氏對於其他許多命書，也是「筆則筆，削則削」，謹嚴之至的！從此之後迄今，我已變成任氏命學理論的信徒。自癸巳歲起，我就採用任氏理論的原則，替人算命。

癸巳歲暮，留東同學簡仁士兄，任東風畫報編輯，走來請我寫「甲午年國際要人命運的預言文章」。對此要求，頗有受寵若驚之感。我答復說：「老兄，別開玩笑了，我是半路出家，剛剛摸索命學門徑，那有資格預言天下大事」？經不起簡君一再慫恿，他說：「你這人簡直是太小看自己！難道歐美和印度各國預言家，都是活神仙嗎？何妨去嘗試一下」。於是，我鼓起了勇氣，花了約摸一週的工夫，搜集了英國女皇伊利沙白二世，日本昭和天皇，中國蔣總統，美國艾森豪威爾總統，和英國邱吉爾首相，日本吉田茂首相，蘇聯馬倫可夫總理等七位領袖之命造，於每位的照片下，以「題像讚」的方式，各寫了一百多字的預言，在一九五四年甲午歲農曆春節的東風畫報特刊上，公開發表。

很幸運的！到了一九五五年二月五日，乙未歲立春之日爲止，我所預言七位領袖之時運，幸有巧合。這事，對我個人鑽研命學的精神，眞是一個極端有力的鼓舞。

至一九五六年，埃及接收蘇彝士運河，引起國際的軒然大波。有人說：「第三次世界大戰，可能爆發」。有人說：「英國對埃及莫奈之何，不了了之」。衆說紛紜，莫衷一是。剛巧，在當年八月八日，香港大公報一連兩天發表埃及總統納薩爾小傳。我看過小傳資料之後，花了三天三夜工夫，免費替納薩爾算了一命。當然是把納薩爾的「命造」，從滴天髓中找出一個類似的範例。我就於八月十一日寫了一篇「從五行生尅看埃及納薩爾」的拙作，發表三項預言：「第一，於八月十六日在倫敦召開的運河會議，只有六天會議，沒有結果。第二，十月八日交進陰曆九月節，納薩爾開始向英國低一些頭。第三，十月底，英國兵會跑到蘇彝士運河喊口號」。這篇拙作，當時絕對得不到報社主事者之信任，有些人甚至以爲我在標奇立異的「好出風頭」。幸而有一位天文台報主編姚立夫先生，有些魄力，他說：「舘主：別人不相信，不管他；我相信，你一定是有根據的。否則，你那能斬釘截鐵的硬是斷定日期，我替你負責發表」。於是，這篇預言，發表於一九五六年八月十四日香港天文台報的第四版。拙作發表後，不及一週，姚立夫兄對我說：「不得了！最近收到了六十幾封讀者來函，都是罵天文台報提倡迷信。他們有好多提出警告說：以後不願意再看迷信落伍的報了」。後來，沒有幾天，倫敦「運河危機會議」，果眞開會六天，毫無結果；讀者投書也沒有了。十月八日，埃及果然開始向英國低了一些頭，派外交部長法烏西到聯合國和英國大使會談。再到十月三十一日，正是「十月底」，英國出兵攻埃。樣樣巧合之至。

自一九五七年丁酉歲起，我不斷向各報刊發表拙作，預測各國大事。結果，都很僥倖近似。這就使我更加高興，决心終身致力於「科學命理」的研究工作，藉以闡揚我國「國粹之光」！

這本小冊子——「人的運氣」裏面之資料來源，雖也曾繙了一些參考書，但主要的根據，則以黃帝「內經」，和劉伯溫、任鐵樵兩先賢合註的「滴天髓」——這兩部「聖經」、「賢傳」爲主流。這是我敬向讀者坦白報告的學習經過和心得。希望「抛磚引玉」，能够獲得「藏之名山，傳之其人」的有道之士不吝敎誨！使我增加更進步、更完整、更精微的子平命學知識。同時，更迫切懇求海內外藏書家，使我讀未見書。不禁馨香以俟！

甲辰季冬．旣望之夕，雙桐館主自跋

（公元一九六五年元月十八日午夜寫於香港，九龍，北河街，十七號，二樓，雙桐館）

註：謹遵古代聖賢遺制：推人祿命，應「以五行爲主」。子平之術，乃專攻「五行生尅制化之學」也。據史記日者列傳云：「漢武帝時，聚會占家問之：『某日可娶婦乎』？五行家曰：可。堪輿家曰：不可。建除家曰：不吉。叢辰家曰：大凶。曆家曰：小凶。天人家曰：小吉。太乙家曰：大吉。辯訟不決；以狀聞。漢武帝乃頒制曰：『避諸死忌，以五行爲主！人，取於五行者也』。」

又考命學起源，實肇始於黃帝時代。據淵海子平云：「大撓氏鑒於蚩尤作亂，爲後人憂之曰：嗟吁！黃帝乃聖人，尙不能治此惡煞，萬一後世見災被害，將奈何乎？遂將十天干及十二地支，分配成六十甲子」。使人得以根據年月日時干支吉凶之象，知所趨避云。

綜觀各種古籍所載，吾人可知：黃帝命大臣大撓氏探五行之情，步斗綱所建，於是始作甲子，配五行納音之屬。風后氏釋之，以致其用，而三命之學行矣。古人稽參天數，推察陰陽，以太乙數而推天運吉凶；以六壬而推人事吉凶；以奇門而推地方吉凶；以年月日時四柱而推斷人類一生吉凶。故談人生祿命，如俗言「神煞吉凶」，或「星宿好壞」者，皆非「子平之正宗」也！

（附錄舊作五律四首）

東海舟中午夜閒眺即事 有序

歲次壬寅六月朔，余參加日本精神文化國際會議畢，由神戶乘太古公司富寧輪歸香港。舟中得關國金君為義兒，余甚喜之。初七日午夜，道出中國之東海，暗洋洶湧，船大搖動；余不能寐，强步艙外，極目長空，藉清胸鬱。於時，星羣皎潔，北斗橫天，遠望海雲，灰暗如帶，波光閃爍，浪花濕衣，迎風開襟，頗饒詩意。率賦五律四章，不計工拙，聊資寫實云爾。

雲與水相接，星繁代月明。蜿蜒知舵力，澎湃喜濤聲。海濶天如覆，風沉浪自橫。
舉頭望北斗，相對若為情。

東海通神戶，富寧太古船。中英同一渡，老少喜連肩。舵急長空轉，飇狂巨纜搴。
壯遊能遂志，那怕浪花濺！

銀河照海嶠，萬里奮身行。雲影沉沉黑，波光灑灑明。浪來如衆岳，舟發若長鯨。

好趁長風去，吹開世不平！

年來腰脚健，學孔願乘桴。破浪橫流渡，臨風快意呼。晴空星耀眼，淸夜露沾鬚。

塵俗都消盡，天公大畫圖。

桐城汪季高甫未是草

校後幾句話

一、這本「人的運氣」小冊子，在甲辰年臘月初就脫稿，擬於年邊出版。一以作為乙巳年新正向親友賀年的禮物，一以作為慶祝我屆於「知命之年」的紀念。不意因病延期。

二、原擬把這本小冊子，送請吳懷珍先生，冒季美先生，李栩厂先生，韋千里先生，蔡伯勵先生，李君平先生，………諸位方家之斧削，惜均因頑軀不適而未果。「獨學無友，孤陋寡聞」，「未借他山」，紕繆難免。大雅諒之！

三、這本小冊子，於偶然的時會中，承蒙一位平日不願出名的文化界前輩陳先生，在文字上諸多匡正，獲益匪淺。附此致謝！

四、這本小冊子由大衆印刷公司總經理沈文希先生督印。沈先生對我給予諸多方便，道義可感！而大衆印刷公司排校工作執事先生，辦事負責。尤可感佩！

一九六五年三月二十五日燈下校畢

占筮類			
1	擲地金聲搜精秘訣	心一堂編	沈氏研易樓藏稀見易占秘鈔本
2	卜易拆字秘傳百日通	心一堂編	
3	易占陽宅六十四卦秘斷	心一堂編	火珠林占陽宅風水秘鈔本
星命類			
4	斗數宣微	【民國】王裁珊	民初最重要斗數著述之一；未刪改本
5	斗數觀測錄	【民國】王裁珊	失傳民初斗數重要著作
6	《地星會源》《斗數綱要》合刊	心一堂編	失傳的第三種飛星斗數
7	《斗數秘鈔》《紫微斗數之捷徑》合刊	心一堂編	珍稀「紫微斗數」舊鈔
8	斗數演例	心一堂編	秘本
9	紫微斗數全書（清初刻原本）	題【宋】陳希夷	斗數全書本來面目；有別於錯誤極多的坊本
10-12	鐵板神數（清刻足本）——附秘鈔密碼表	題【宋】邵雍	無錯漏原版 秘鈔密碼表　首次公開！
13-15	蠢子數纏度	題【宋】邵雍	蠢子數連密碼表 打破數百年秘傳　首次公開！
16-19	皇極數	題【宋】邵雍	清鈔孤本附起例及完整密碼表 研究神數必讀！
20-21	邵夫子先天神數	題【宋】邵雍	附手鈔密碼表 研究神數必讀！
22	八刻分經定數（密碼表）	題【宋】邵雍	皇極數另一版本；附手鈔密碼表
23	新命理探原	【民國】袁樹珊	子平命理必讀教科書！
24-25	袁氏命譜	【民國】袁樹珊	
26	韋氏命學講義	【民國】韋千里	民初二大命理家南袁北韋
27	千里命稿	【民國】韋千里	
28	精選命理約言	【民國】韋千里	北韋之命理經典
29	滴天髓闡微——附李雨田命理初學捷徑	【民國】袁樹珊、李雨田	命理經典未刪改足本
30	段氏白話命學綱要	【民國】段方	民初命理經典最淺白易懂
31	命理用神精華	【民國】王心田	學命理者之寶鏡

32	命學探驪集	【民國】張巢雲	發前人所未發 稀見民初子平命理著作
33	澹園命談	【民國】高澹園	
34	算命一讀通——鴻福齊天	【民國】不空居士、覺先居士合纂	
35	子平玄理	【民國】施惕君	
36	星命風水秘傳百日通	心一堂編	
37	命理大四字金前定	題【晉】鬼谷子王詡	源自元代算命術
38	命理斷語義理源深	心一堂編	稀見清代批命斷語及活套
39－40	文武星案	【明】陸位	失傳四百年《張果星宗》姊妹篇 千多星盤命例 研究命學必備
相術類			
41	新相人學講義	【民國】楊叔和	失傳民初白話文相術書
42	手相學淺說	【民國】黃龍	民初中西結合手相學經典
43	大清相法	心一堂編	重現失傳經典相書
44	相法易知	心一堂編	
45	相法秘傳百日通	心一堂編	
堪輿類			
46	靈城精義箋	【清】沈竹礽	沈氏玄空遺珍 玄空風水必讀
47	地理辨正抉要	【清】沈竹礽	
48	《玄空古義四種通釋》《地理疑義答問》合刊	沈瓞民	
49	《沈氏玄空吹虀室雜存》《玄空捷訣》合刊	【民國】申聽禪	
50	漢鏡齋堪輿小識	【民國】查國珍、沈瓞民	
51	堪輿一覽	【清】孫竹田	失傳已久的無常派玄空經典
52	章仲山挨星秘訣（修定版）	【清】章仲山	章仲山無常派玄空珍秘 門內秘本首次公開 沈竹礽等大師尋覓一生末得之珍本！
53	臨穴指南	【清】章仲山	
54	章仲山宅案附無常派玄空秘要	心一堂編	
55	地理辨正補	【清】朱小鶴	玄空六派蘇州派代表作
56	陽宅覺元氏新書	【清】元祝垚	簡易・有效・神驗之玄空陽宅法
57	地學鐵骨秘 附 吳師青藏命理大易數	【民國】吳師青	釋玄空廣東派地學之秘
58－61	四秘全書十二種（清刻原本）	【清】尹一勺	玄空湘楚派經典本來面目 有別於錯誤極多的坊本

62	地理辨正補註　附 元空秘旨　天元五歌　玄空精髓　心法秘訣等數種合刊	【民國】胡仲言	貫通易理、巒頭、三元、三合、天星、中醫
63	地理辨正自解	【清】李思白	公開玄空家「分率尺、工部尺、量天尺」之秘
64	許氏地理辨正釋義	【民國】許錦灝	民國易學名家黃元炳力薦
65	地理辨正天玉經內傳要訣圖解	【清】程懷榮	秘訣一語道破，圖文并茂
66	謝氏地理書	【民國】謝復	玄空體用兼備、深入淺出
67	論山水元運易理斷驗、三元氣運說附紫白訣等五種合刊	【宋】吳景鸞等	失傳古本《玄空秘旨》《紫白訣》
68	星卦奧義圖訣	【清】施安仁	三元玄空門內秘笈　清鈔孤本 過去均為必須守秘不能公開秘密 與今天流行飛星法不同
69	三元地學秘傳	【清】何文源	
70	三元玄空挨星四十八局圖說	心一堂編	
71	三元挨星秘訣仙傳	心一堂編	
72	三元地理正傳	心一堂編	
73	三元天心正運	心一堂編	
74	元空紫白陽宅秘旨	心一堂編	
75	玄空挨星秘圖　附 堪輿指迷	心一堂編	
76	姚氏地理辨正圖說　附 地理九星并挨星真訣全圖　秘傳河圖精義等數種合刊	【清】姚文田等	蓮池心法　玄空六法 門內秘鈔本首次公開
77	元空法鑑批點本——附 法鑑口授訣要、秘傳玄空三鑑奧義匯鈔　合刊	【清】曾懷玉等	
78	元空法鑑心法	【清】曾懷玉等	
79	曾懷玉增批蔣徒傳天玉經補註【新修訂版原（彩）色本】	【清】項木林、曾懷玉	
80	地理學新義	【民國】俞仁宇撰	揭開連城派風水之秘
81	地理辨正揭隱（足本）　附連城派秘鈔口訣	【民國】王邈達	
82	趙連城傳地理秘訣附雪庵和尚字字金	【明】趙連城	
83	趙連城秘傳楊公地理真訣	【明】趙連城	
84	地理法門全書	仗溪子、芝罘子	巒頭風水，內容簡核、深入淺出
85	地理方外別傳	【清】熙齋上人	巒頭形勢、「望氣」「鑑神」
86	地理輯要	【清】余鵬	集地理經典之精要
87	地理秘珍	【清】錫九氏	巒頭、三合天星，圖文並茂
88	《羅經舉要》附《附三合天機秘訣》	【清】賈長吉	清鈔孤本羅經、三合訣法圖解
89－90	嚴陵張九儀增釋地理琢玉斧巒	【清】張九儀	清初三合風水名家張九儀經典清刻原本！